SAY IT IN
PORTUGUESE

(European Usage)

by
Alexander da Prista
Late Lecturer in Portuguese Language
and Culture, Columbia University

Special Editorial Consultant,
Dr. João G. Bastos

DOVER PUBLICATIONS, INC.
New York

The Dover *Say It* series is prepared under the editorial supervision of Nancy D. Gross

Copyright © 1979 by Dover Publications, Inc.
All rights reserved under Pan American and International Copyright Conventions.

Published in Canada by General Publishing Company, Ltd., 30 Lesmill Road, Don Mills, Toronto, Ontario.
Published in the United Kingdom by Constable and Company, Ltd., 10 Orange Street, London WC2H 7EG.

Say It in Portuguese (*European Usage*) is a new work, first published by Dover Publications, Inc., in 1979.

International Standard Book Number: 0-486-23676-5
Library of Congress Catalog Card Number: 77-73311

Manufactured in the United States of America
Dover Publications, Inc.
180 Varick Street
New York, N.Y. 10014

CONTENTS

	Page
Introduction	vii
Pronunciation	xi
Everyday Phrases	1
Social Phrases	3
Basic Questions	4
Talking about Yourself	6
Making Yourself Understood	8
Difficulties and Misunderstandings	10
Customs	12
Baggage	13
Travel Directions	15
Boat	20
Airplane	22
Train	25
Bus, Subway, Streetcar	28
Taxi	29
Renting Autos (and Other Vehicles)	31
Auto: Directions	33
Auto: Help on the Road	35
Auto: Gas Station	36
Parts of the Car (and Auto Equipment)	37
Mail	43
Telegram	45
Telephone	45
Hotel	48

CONTENTS

	Page
Chambermaid	56
Renting an Apartment	57
Apartment: Useful Words	58
Café and Bar	61
Restaurant	63
Food Seasonings	71
Beverages and Breakfast Foods	72
Soups and Salads	74
Meat, Game and Poultry	75
Fish and Seafood	76
Vegetables	78
Fruits	79
Desserts	80
Worship	80
Sightseeing	82
Entertainments	86
Nightclub and Dancing	89
Sports and Games	90
Hiking and Camping	93
Bank and Money	94
Shopping	95
Clothing and Accessories	102
Colors	105
Materials	106
Bookshop, Stationer, Newsdealer	107
Pharmacy	109
Drugstore Items	110

CONTENTS

v

	Page
Camera Shop and Photography	116
Gift and Souvenir List	117
Cigar Store	118
Laundry and Dry Cleaning	119
Repairs and Adjustments	121
Barber Shop	122
Beauty Parlor	123
Stores and Services	125
Baby Care	130
Health and Illness	131
Ailments	135
Dentist	138
Accidents	139
Parts of the Body	140
Time	143
Days of the Week	145
Holidays	145
Dates, Months and Seasons	146
Weather	146
Numbers: Cardinals	147
Numbers: Ordinals	149
Quantities	150
Family	151
Common Signs and Public Notices	152
Index	159
Appendix: Common Road Signs	198

INTRODUCTION

Say It in Portuguese is based upon the language spoken in Portugal. The usage of the educated speaker of Portugal's central coastal area, which includes the two major cities of Lisbon and Coimbra, is considered Standard Portuguese. Dialectal differences in pronunciation, vocabulary, syntax and usage, which exist to a minor extent within the country itself, are more pronounced in Brazilian Portuguese, although the speech of the educated and cosmopolitan Brazilian is essentially the same as that of his European counterpart. The European and South American dialects are thus mutually intelligible and they stand in a relationship somewhat similar to that of American English and British English.

In Portugal and Brazil alone, approximately 120,000,000 people are native speakers of Portuguese. Portugal once controlled a far-flung colonial empire which included territories in South America, Africa, India, the Far East and Oceania. Portuguese was the official administrative language for these colonies and the language was adopted to varying degrees by the local populations. Portuguese is still spoken in these areas and, at present, remains an important and highly useful language for travelers to many parts of the globe.

NOTES ON THE USE OF THIS BOOK

This book is divided into sections according to various topics and situations encountered by the traveler. In those sections that are mainly or entirely composed of lists of nouns, the Portuguese nouns are generally given along with the definite article in order to indicate gender and facilitate correct use in everyday conversation. The masculine definite article is *o* (plural: *os*), the feminine *a* (plural: *as*). While most sections are alphabetized according to the English phrases, some lists of Portuguese words which occur often in everyday situations (food, public notices, etc.) are alphabetized according to the Portuguese to allow for quick and easy reference. In addition, the Index forms an instant English-Portuguese glossary of terms helpful to travelers and it can refer the user to the necessary consecutively numbered entry immediately.

The material in this book has been selected chiefly to teach you many essential phrases, sentences and questions for travel. It will serve as a direct and interesting introduction to the spoken language if you are beginning your study. With the aid of a dictionary, many sentence patterns included here will answer innumerable needs, for example: "I want to speak [to the manager]." The brackets indicate that substitutions can be made for these words with the use of a bilingual dictionary. In other sentences, for the words in square brackets you can substitute the words immediately following (in the same sentence or in the indented entries below it). For example, the entry

Give my regards [to your boyfriend][to your girlfriend].

provides two sentences: "Give my regards to your boyfriend" and "Give my regards to your girlfriend." Three sentences are provided by the entry

>I want to send this [by surface mail].
>—by air mail.
>—by special delivery.

As your Portuguese vocabulary grows, you will find that you can express an increasingly wide range of thoughts by the proper substitution of words in these model sentences.

INTRODUCTION

Brackets also indicate an optional component in the sentence, which may or may not be used according to the meaning desired, as in

> I [do not] understand.

Please note that whereas brackets indicate the possibilities of substitutions, parentheses have been used to indicate synonyms or alternative usage for an entry, such as

> Good night (OR: Good evening).

In this case, the alternative usage is preceded by (OR:...).

Parentheses may also indicate different forms of the same word which vary according to gender or number, where relevant, as in

> Welcome!
> [Bem-vindo (TO M.)][Bem-vinda (TO F.)]
> [Bem-vindos (TO PL.)]!

When a phrase is directed to a masculine listener, then (TO M.) follows it; to a feminine object, (TO F.); and to more than one listener or object, (TO PL.).

When the gender of the speaker should be marked, it is hown thusly:

> Thanks very much.
> [Obrigado (M.)][Obrigada (F.)] muito.

The word or phrase to be used by a masculine speaker is followed by (M.), that for a feminine one by (F.).

Occasionally, parentheses are used to clarify a word or explain some nuance of meaning that may be implicit or understood in either the English or the Portuguese phrase. The abbreviation LIT. precedes a parenthetical literal translation of the Portuguese phrase where it differs materially from the English wording.

You will notice that the word "please" has been omitted from many of the sentences. This was done merely to make them shorter and clearer, and to avoid repetition. To be polite, however, you should add *faz favor* whenever you would normally say "please" in English.

You will find the extensive index at the end of the book especially helpful. Capitalized items in the index refer to section headings and give the number of the page on which the section begins. All other numbers refer to *entry numbers*. All the entries in the book are numbered consecutively.

PRONUNCIATION

We have supplied an explanatory chart of the simplified phonetic transcription used in this book to aid you in correct pronunciation. Please read the notes on pronunciation carefully so you may become familiar with the transcription system. You should read it as if it were English. Loops beneath the lines indicate that the sounds thus connected are pronounced in one breath as if one sound, with the emphasis on the first element. Capital letters indicate stressed syllables. Stress is extremely important in Portuguese and should be followed closely, since certain vowel qualities change according to the stress that is applied to a syllable. Since nasal sounds are not present in English, you should also pay special attention to these sounds which are so characteristic of Portuguese.

In this phonetic system, ultimate precision and consistency have occasionally been sacrificed for simplicity and ease of comprehension, since this transcription can serve at best only as an approximation of correct pronunciation. You will discover that there are probably no sounds in Portuguese that you cannot pronounce and you will be surprised at how well you can make yourself understood.

SIMPLE CONSONANTS AND VOWELS

Portuguese letter	Transcription	Remarks
a	AH	In stressed syllables, usually pronounced like *a* in f*a*ther.
	UH	Before intervocalic m or n, *a* is often pronounced like *u* in b*u*t.
	uh	In unstressed syllables, *a* is usually pronounced like the *u* in b*u*t, or the *e* in p*e*rt.
	ah	Unstressed *a* is sometimes an open sound like *a* in f*a*ther.
b	b	Pronounced like *b* in *b*oy in most situations; between vowels, pronounced much like an English *v*.
c	s	Before e and i, *c* is pronounced like *s* in *s*ay.
	k	Before a, o, u or a consonant, *c* is pronounced like *k* in *k*ey.
ç	s	Always pronounced like *s* in *s*ay.
ch	sh	Pronounced like *sh* in *sh*e.
d	d	Pronounced like *d* in *d*ay in most situations; between vowels, often pronounced like *th* in *th*ough.

e	*AY*	When stressed, e is sometimes pronounced like *ay* in s*ay* without being drawled; *é* is always pronounced like *ay* in s*ay*.
	EH	When stressed, e is sometimes pronounced like e in m*e*t; *è* is always pronounced like e in m*e*t.
	e	Unstressed, unaccented e is a neutral sound much like e in p*e*rt but without the r timbre.
	eh	Unstressed e is sometimes pronounced like e in m*e*t.
	ee	Occasionally, in an unstressed position, e is pronounced much like *ee* in f*ee*t.
f	*f*	Pronounced as in English.
g	*g*	Before a, o, u or a consonant, pronounced like g in g*o*.
	zh	Before e and i, pronounced like s in plea*s*ure or z in a*z*ure.
h	—	h is silent in most situations.
	y	In the combinations lh and nh, h is pronounced like the English consonant *y* in *y*et.
i	*ee* or *EE*	Pronounced like *ee* in b*ee*; pronounced shorter in unstressed syllables.
j	*zh*	Pronounced like s in plea*s*ure.

xiii

Portuguese letter	Transcription	Remarks
k	k	Pronounced like k in key. (Not actually a letter of the Portuguese alphabet but it is used for words taken from other languages and in references to the metric system, i.e., kg, km.)
l	l	In most situations pronounced like English l in lie; at word endings it is pronounced farther back in the mouth, like the English l in fault.
lh	ly	Pronounced like lli in million.
m	m	Pronounced like m in met (see also the section on nasalization).
n	n	Pronounced like n in no (see also the section on nasalization).
nh	ny	Pronounced like ny in canyon.
o	OH	Stressed o is sometimes pronounced like o in note; ó is always pronounced like o in note.
	AW	Stressed o is sometimes pronounced like aw in saw; ô is always pronounced like aw in saw.
	oo	Unstressed o is usually pronounced like oo in boot, but slightly shorter.
	oh	Unstressed o is sometimes like o in note.

p	*p*	Pronounced like *p* in *p*ay.
q	*k*	Pronounced like *k* in *k*ey.
r	*r*	Not like the English r, but like a Scottish trilled r.
rr	*rr*	Not like the English r, but like a Scottish trilled r, and held longer.
s	*s*	Initially, or when doubled between vowels, pronounced like *s* in *s*ay;
	z	when single between vowels, pronounced like *z* in *z*ero; finally, or
	sh	before consonants, pronounced like *sh* in *sh*e, or *z* in a*z*ure,
	zh	according to the consonant that follows.
t	*t*	Pronounced like *t* in *t*all.
u	*oo*	Pronounced like *oo* in b*oo*t.
	w	Pronounced like *w* in *w*e.
v	*v*	Pronounced like *v* in *v*ase.
	s	Pronounced like *s* in *s*ay.
	sh	Pronounced like *sh* in *sh*e.
	z	Pronounced like *z* in *z*eal.
x	*ks*	Pronounced like *x* in a*x*e.

Portuguese letter	Transcription	Remarks
z	z	Initially, or between vowels, pronounced like *z* in *zeal*; finally, or
	sh	before consonants, pronounced like *sh* in *she*, or *z* in *azure*,
	zh	according to the consonant that follows.
~	—	(This is the sign for a nasalized vowel, discussed under nasalization on p. xviii.)

DIPHTHONGS

The loops under transcriptions of certain Portuguese diphthongs indicate that these sounds are not to be separated, but are to be pronounced as a single sound, in which the first element is more heavily stressed than the second.

Portuguese spelling	Transcription	Remarks
ao, au	ah‿oo	Pronounced like *ow* in *how*.
ai	ah‿ee	Pronounced like *ie* in *die*.
ei	ay‿ee	Pronounced like *ay* in *say*, followed by the *ee* of *feet*. Similar to *ei* in *neighbor*.
iu	ee‿oo	Pronounce *ee* as in *feet*, closely followed by *oo* as in *boot*.
eu	ay‿oo	Pronounce *ay* as in *say*, closely followed by *oo* as in *boot*.
ou	oh	Pronounced like *o* in *note*.
oi	oy	Pronounced either like *oy* in *boy*, or as an *aw* sound followed by *ee* as in *feet*.
ui	oo‿ee	Pronounce *oo* as in *boot*, closely followed by *ee* as in *feet*.

All of these diphthongs are pronounced less clearly, more toward neutral vowels, when they are not stressed.

NASALIZATION AND NASALS

Special attention must be paid to the nasal sounds in Portuguese, since they are very important, and have no counterparts in English. Phonetically, they are made very much like the French nasal vowels: the breath passes through both the nose and mouth when a nasalized vowel is formed, instead of just through the mouth as in ordinary vowels. Do not move your tongue or change the position of your jaw when you say these vowels.

If you find it hard to catch the nasal sounds and to imitate them, try to sound English vowels while "talking through your nose," as children do. You may find that breaking off the vowel suddenly will make the nasalization easier for you to imitate.

Nasalization is indicated by two ways in Portuguese spelling: (1) the symbol tilde ~, which is used over a or o to form ã or õ; (2) the letters n or m at syllable ends. To state the second rule in other words: n or m at the end of a word, or before any consonant (except h) within a word, shows that the preceding vowel has been nasalized.

The letters n or m between vowels, however, or at the beginning of words, are ordinary consonants, and do not nasalize preceding vowels.

As you will see from the following table, most nasal sounds may be spelled in more ways than one.

In general, when you make these nasalized vowels, *you do not pronounce the accompanying n or m*; these are simply indications of nasalization. The letter n has been introduced into the transcription to alert the beginner to the formation of previously unfamiliar nasalized sounds.

Nasal sounds are not always of the same strength. Stress plays a great part in their force, and nasalizations made with m are usually stronger than those made with n.

Portuguese nasal sounds	Transcription	Remarks
ão am (final unstressed syllable)	$\overline{ah\_oon}$	Like *now*, but nasalized.
ãe em en	$\overline{ayn}$	The combination *ãe*, as well as *em* and *en* in stressed final syllables, have a sound part way between the *ie* of *die* and the *a* of *hat*, but nasalized; *em* and *en* in other situations are like *ay* in *say*, but nasalized. You can use this simpler pronunciation for all the combinations bracketed here, if it is easier for you, and we have used a single transcription.
õe	$\overline{oyn}$	As in *boy*, but nasalized.
ã an (within a word, followed by a consonant other than h) am (within a word, followed by b or p)	$\overline{uhn}$	Much like *a* in *thanks*, but nasalized.

xix

Portuguese nasal sound	Transcription	Remarks
im, in	$\overbrace{een}$	As in bee, but nasalized.
om, on	$\overbrace{ohn}$	As in note, but nasalized.
um, un	$\overbrace{oon}$	As in food, but nasalized.
ui	$\overline{oo\_een}$	It is found in the word m*ui*to.

EVERYDAY PHRASES

1. Hello.   Olá (OR: Alô).   *oh-LAH* (OR: *uh-LOH*).

2. Good morning.   Bom dia.   *bohn DEE-uh.*

3. Good afternoon.   Boa tarde.   *BOH-uh TAHR-dę.*

4. Good night (OR: **Good evening**).
Boa noite.   *BOH-uh NOY-tę.*

5. Welcome!
[Bem-vindo (TO M.)] [Bem-vinda (TO F.)] [Bem-vindos (TO PL.)]!
[*bayn-VEEN-doo*] [*bayn-VEEN-duh*] [*bayn-VEEN-doosh*]!

6. Goodbye.   Adeus.   *uh-DAY͜_OOSH.*

7. Pleased to meet you.
Tenho muito prazer em [conhecê-lo (TO M.)] [conhecê-la (TO F.)].
TAY-nyoo MOO͜_EEN-too pruh-ZAYR ayn [koo-nyę-SAY-loo] [koo-nyę-SAY-luh].

8. See you later.   Até logo.   *uh-TEH LAW-goo.*

9. Yes.   Sim.   *seen.*

10. No.   Não.   *nah͜_oon.*

11. Perhaps (OR: **Maybe**).   Talvez.   *tahl-VAYSH.*

12. Please.   Faz favor.   *fahsh fuh-VOHR.*

13. Allow me.   Permita-me.   *pęr-MEE-tuh-mę.*

14. Excuse me.   Desculpe-me.   *dęsh-KOOL-pę-mę.*

15. Thanks very much.
Muito [obrigado (M.)] [obrigada (F.)].
MOO͜_EEN-too [oh-bree-GAH-doo] [oh-bree-GAH-duh].

16. You are welcome (OR: **Don't mention it**).
Não tem de quê (OR: Pois não).
nah͜_oon tayn dę kay (OR: *poyzh nah͜_oon*).

EVERYDAY PHRASES

17. All right (or: **Very good**).
Muito bem. *MOO͡_EEN-too bayn.*

18. It doesn't matter.
Não importa. *nah͡_oon een-PAWR-tuh.*

19. Don't bother.
Não se incomode. *nah͡_oon sę een-koo-MAW-dę.*

20. I am sorry. Tenho pena. *TAY-nyoo PAY-nuh.*

21. You have been [very kind] [very helpful].
[O senhor (TO M.)] [A senhora (TO F.)] tem sido [muito amável] [muito prestável].
[*oo sę-NYOHR*] [*uh sę-NYOH-ruh*] *tayn SEE-doo* [*MOO͡_EEN-too uh-MAH-vehl*] [*MOO͡_EEN-too pręsh-TAH-vehl*].

22. Come in. Entre. *AYN-trę.*

23. Come here. Venha cá. *VAY-nyuh kah.*

24. Come with me.
Venha comigo. *VAY-nyuh koo-MEE-goo.*

25. Come back later.
Volte mais tarde. *VAWL-tę mah͡_eesh TAHR-dę.*

26. Come early. Venha cedo. *VAY-nyuh SAY-doo.*

27. Wait a minute.
Espere um minuto. *ęsh-PEH-rę oon mee-NOO-too.*

28. Wait for us.
Espere por nós. *ęsh-PEH-rę poor nawsh.*

29. Not yet. Ainda não. *uh-EEN-duh nah͡_oon.*

30. Not now. Agora não. *uh-GAW-ruh nah͡_oon.*

31. Listen. Ouça (OR: Oiça). *OH-suh* (OR: *OY-suh*).

32. Be careful.
Tenha cuidado. *TAY-nyuh kwee-DAH-doo.*

SOCIAL PHRASES

33. May I introduce [Mrs. Maria Pereira]?
Desejo apresentar-lhe [a senhora Maria Pereira].
dę-ZAY-zhoo uh-prę-zayn-TAHR-lyę [uh sę-NYOH-ruh muh-REE-uh pę-RAY_EE-ruh].

34. —Miss Maria Izabel Neto.
—a menina Maria Izabel Neto.
—uh mę-NEE-nuh muh-REE-uh ee-zuh-BEHL NEH-too.

35. —Mr. Nuno Gonçalves Nunes.
—o senhor Nuno Gonçalves Nunes.
—oo sę-NYOHR NOO-noo gohn-SAHL-vęzh NOO-nęsh.

36. How are you (OR: **How do you do**)?
Como está? KAW-moo ęsh-TAH?

37. How are things?
Como vão as coisas? KAW-moo vah_oon uhsh KOY-zuhsh?

38. So, so. Assim, assim. uh-SEEN, uh-SEEN.

39. What's new? Que há de novo? kę ah dę NOH-voo?

40. Please have a seat (OR: **Won't you sit down?**).
Faça favor de se sentar.
FAH-suh fuh-VOHR dę sę sayn-TAHR.

41. It's a pleasure to see you (again).
É um prazer [vê-lo (TO M.)] [vê-la (TO F.)].
eh oon pruh-ZAYR [VAY-loo] [VAY-luh].

42. Congratulations. Parabens. puh-ruh-BAYNSH.

43. All the best. O melhor. oo mę-LYOHR.

44. Happy birthday.
Feliz aniversário. fę-LEEZ uh-nee-vęr-SAH-ree-oo.

45. I like you very much.
Gosto muito de si. GAWSH-too MOO_EEN-too dę see.

46. I love you.
[Amo-a (TO F.)] [Amo-o (TO M.)].
[*UH-moo-uh*] [*UH-moo-oo*].

47. May I see you (again)?
Poderei [vê-la (TO F.)] [vê-lo (TO M.)]?
poo-de-RAY EE [*VAY-luh*] [*VAY-loo*]?

48. Let's make a date for next week.
Podemos fazer um encontro na próxima semana?
poo-DAY-moosh fuh-ZAYR oon ayn-KOHN-troo nuh PRAW-see-muh sę-MUH-nuh?

49. I have enjoyed myself very much.
Diverti-me muito.   *dee-vęr-TEE-mę MOO EEN-too.*

50. Give my regards [to your boyfriend] [to your girlfriend].
Dê lembranças [ao seu namorado] [à sua namorada].
day laγn-BRUHN-suhz [*ah oo say oo nuh-moo-RAH-doo*]
[*ah SOO-uh nuh-moo-RAH-duh*].

BASIC QUESTIONS

51. What?   Quê (OR: O quê)?   *kay* (OR: *oo kay*)?

52. What did you say?   Que disse?   *kę DEE-sę?*

53. What is that?   O que é isso?   *oo kę eh EE-soo?*

54. What must I do?
Que devo fazer?   *kę DAY-voo fuh-ZAYR?*

55. What is the matter?
O que aconteceu?   *oo kę uh-kohn-tę-SAY OO?*

56. What do you want?   O que quer?   *oo kę kehr?*

57. When does it [leave] [arrive]?
Quando [parte] [chega]?
KWUHN-doo [*PAHR-tę*] [*SHAY-guh*]?

BASIC QUESTIONS

58. Where? Onde? $\overline{OHN}$-dξ?

59. Where is it?
Onde é (OR: está)? $\overline{OHN}$-dξ eh (OR: ξsh-TAH)?

60. Why? Porquê? poor-KAY?

61. How? Como? KAW-moo?

62. How long?
Quanto tempo? $KW\overline{UHN}$-too $T\overline{AYN}$-poo?

63. How far?
A que distância? uh kξ deesh-$T\overline{UHN}$-see-uh?

64. How much? Quanto? $KW\overline{UHN}$-too?

65. How many?
[Quantos (M.)] [Quantas (F.)]?*
[$KW\overline{UHN}$-toosh] [$KW\overline{UHN}$-tuhsh]?

66. How do you do it?
Como faz isso? KAW-moo fahz EE-soo?

67. How does it work?
Como trabalha isso? KAW-moo truh-BAH-lyuh EE-soo?

68. Who? Quem? $\overline{kayn}$?

69. Who are you?
Quem é [o senhor (TO M.)] [a senhora (TO F.)]?
$\overline{kayn}$ eh [oo sξ-$NYOHR$] [uh sξ-$NYOH$-ruh]?

70. Who is [that boy]?
Quem é [esse rapaz]? $\overline{kayn}$ eh [AY-sξ ruh-$PAHSH$]?

71. —that girl.
—essa rapariga.
—EH-suh ruh-puh-REE-guh.

* Here the gender indication applies not to the speaker, but to the noun modified by "how many."

72. —this man.
—este homem.
—AYSH-tę AW-mayn.

73. —that woman.
—essa mulher.
—EH-suh moo-LYEHR.

74. Am I [on time] [early] [late]?
Chego [a horas] [cedo] [tarde]?
SHAY-goo [uh AW-ruhsh] [SAY-doo] [TAHR-dę]?

TALKING ABOUT YOURSELF

75. I am [Mr. Silva].
Sou [o senhor Silva].   soh [oo sę-NYOHR SEEL-vuh].

76. My name is [Miguel Gonçalves].
Meu nome é [Miguel Gonçalves].
may‿oo NOH-mę eh [mee-GEHL gohn-SAHL-vęsh].

77. I am [21] years old.
Tenho [vinte e um] anos de idade.
TAY-nyoo [VEEN-tę ee oon] UH-noozh dę ee-DAH-dę.

78. I am [an American citizen].
Sou [um cidadão americano].
soh [oon see-duh-DAH‿OON uh-mę-ree-KUH-noo].

79. My address is [Rua da Graça, number 15].
O meu endereço é [Rua da Graça, número quinze].
oo may‿oo ayn-dę-RAY-soo eh [RROO-uh duh GRAH-suh, NOO-mę-roo KEEN-zę].

80. I am a [student] [teacher] [businessman].
Sou [estudante] [professor] [negociante].
soh [ęsh-too-DUHN-tę] [proh-fę-SOHR] [nę-goo-see-UHN-tę].

TALKING ABOUT YOURSELF

81. What is your job?
Qual é a sua profissão?
kwahl eh uh SOO-uh proo-fee-SAH͞_OON?

82. I am a friend of Mr. Silva.
Sou [um amigo (M.)] [uma amiga (F.)] do senhor Silva.
soh [oon uh-MEE-goo] [OO-muh uh-MEE-guh] doo sę-NYOHR SEEL-vuh.

83. He works for Lisnave.
Ele trabalha para a Lisnave.
AY-lę truh-BAH-lyuh PUH-ruh uh leezh-NAH-vę.

84. I am here [on a vacation] [on a business trip].
Estou aqui [de férias] [numa viagem de negócios).
ęsh-TOH uh-KEE [dę FEH-ree-uhsh] [NOO-muh vee-AH-zhayn dę nę-GAW-see-oosh].

85. I have been here [one week].
Há [uma semana] que estou aqui.
ah [OO-muh sę-MUH-nuh] kę ęsh-TOH uh-KEE.

86. We plan to stay here until [Friday].
Nós planeamos ficar aqui até [sexta].
nawsh pluh-nee-UH-moosh fee-KAHR uh-KEE uh-TEH [SEHSH-tuh].

87. I am traveling to [Coimbra].
Eu viajo para [Coimbra].
ay͞_oo vee-AH-zhoo PUH-ruh [koo-EEN-bruh].

88. I am in a hurry.
Estou com pressa. *ęsh-TOH kohn PREH-suh.*

89. I am [cold] [warm] [hungry] [thirsty].
Estou com [frio] [calor] [fome] [sêde].
ęsh-TOH kohn [FREE-oo] [kuh-LOHR] [FAW-mę] [SAY-dę].

90. I am busy.
Estou [ocupado (M.)] [ocupada (F.)].
ęsh-TOH [oh-koo-PAH-doo] [oh-koo-PAH-duh].

91. I am tired.
Estou [cansado (M.)] [cansada (F.)].
ęsh-TOH [*kuhn-SAH-doo*] [*kuhn-SAH-duh*].

92. I am disappointed.
Estou [desapontado (M.)] [desapontada (F.)].
ęsh-TOH [*dę-zuh-pohn-TAH-doo*] [*dę-zuh-pohn-TAH-duh*].

93. I am glad (OR: **happy**).
Estou contente. *ęsh-TOH kohn-TAYN-tę*.

94. I cannot do it.
Não posso fazer isso. *nah‿oon PAW-soo fuh-ZAYR EE-soo*.

95. We are unhappy.
Estamos tristes. *ęsh-TUH-moosh TREESH-tęsh*.

96. We are angry.
Estamos [zangados (M.)] [zangadas (F.)].
ęsh-TUH-moozh [*zuhn-GAH-doosh*] [*zuhn-GAH-duhsh*].

MAKING YOURSELF UNDERSTOOD

97. Do you speak [English]?
Fala [inglês]? *FAH-luh* [*een-GLAYSH*]?

98. Where is [English] spoken?
Onde se fala [inglês]? *OHN-dę sę FAH-luh* [*een-GLAYSH*]?

99. Does anyone here speak [French]?
Há aqui alguem que fale [francês]?
ah uh-KEE ahl-GAYN kę FAH-lę [*fruhn-SAYSH*]?

100. I read only [Italian].
Eu só leio [italiano]. *ay‿oo saw LAY‿EE-oo* [*ee-tuh-lee-UH-noo*].

MAKING YOURSELF UNDERSTOOD

101. I speak a little [German].
Falo um pouco de [alemão].
FAH-loo oon POH-koo dę [uh-lę-MĀH͡OON].

102. Speak more slowly.
Fale mais devagar.   *FAH-lę mah͜eezh dę-vuh-GAHR.*

103. I [do not] understand.
Eu [não] compreendo.
ay͜oo [nah͜oon] kohn-pr͡ę-AYN-doo.

104. Do you understand me?
Compreende-me?   *kohn-pr͡ę-AYN-dę-mę?*

105. I [do not] know.   [Não] sei.   *[nah͜oon] say͜ee.*

106. I think so.   Penso que sim.   *PAYN-soo kę seen.*

107. Repeat it, please.
Repita por favor.   *r͡ę-PEE-tuh poor fuh-VOHR.*

108. Write it down, please.
Escreva isso por favor.
ęsh-KRAY-vuh EE-soo poor fuh-VOHR.

109. Answer "yes" or "no."
Responda "sim" ou "não."
r͡ęsh-PŌHN-duh "seen" oh "nah͜oon."

110. You are right.   Tem razão.   *tayn ruh-ZĀH͡OON.*

111. You are wrong.
Está [errado (TO M.)] [errada (TO F.)].
ęsh-TAH [ę-RRAH-doo] [ę-RRAH-duh].

112. What does [this word] mean?
Que significa [esta palavra]?
kę seeg-nee-FEE-kuh [EHSH-tuh puh-LAH-vruh]?

113. What is this?   Que é isto?   *kę eh EESH-too?*

114. How do you say "pencil" in [Portuguese]?
Como se diz "pencil" em [português]?
KAW-moo sę deesh "pencil" ayn [poor-too-GAYSH]?

115. How do you spell [Sintra]?
Como se escreve [Sintra]?
KAW-moo sę ęsh-KREH-vę [SEEN-truh]?

DIFFICULTIES AND MISUNDERSTANDINGS

116. Where is [the American Embassy]?
Onde é [a embaixada americana]?
OHN-dę eh [uh ayn-bah‿ee-SHAH-duh uh-mę-ree-KUH-nuh]?

117. —the police station.
—a esquadra (OR: o posto de polícia).
—uh ęsh-KWAH-druh (OR: oo POHSH-too dę poo-LEE-see-uh).

118. —the lost-and-found office.
—a secção de perdidos e achados.
—uh seh-SAH‿OON dę pęr-DEE-dooz ee uh-SHAH-doosh.

119. I want to talk to [the manager] [your superior].
Quero falar com [o gerente] [o seu chefe].
KEH-roo fuh-LAHR kohn [oo zhę-RAYN-tę] [oo say‿oo SHEH-fę].

120. Can you help me?
Pode ajudar-me? *PAW-dę uh-zhoo-DAHR-mę?*

121. I am looking for my friend.
Procuro [o meu amigo (M.)] [a minha amiga (F.)].
proh-KOO-roo [oo may‿oo uh-MEE-goo] [uh MEE-nyuh uh-MEE-guh].

122. I am lost.
Estou [perdido (M.)] [perdida (F.)].
ęsh-TOH [pęr-DEE-doo] [pęr-DEE-duh].

DIFFICULTIES AND MISUNDERSTANDINGS 11

123. I cannot find [the address].
Não posso achar [o endereço].
nah͜oon PAW-soo uh-SHAHR [oo ayn-de̦-RAY-soo].

124. She has lost [her handbag].
Ela perdeu [a bolsa].
EH-luh pe̦r-DAY͜OO [uh BOHL-suh].

125. We forgot [our keys].
Nós esquecemos [as chaves].
nawz e̦sh-ke̦-SEH-mooz [uhsh SHAH-ve̦sh].

126. We missed [the train].
Perdemos [o combóio]. *pe̦r-DAY-mooz [oo kohn-BOY-oo].*

127. It is not my fault.
Não é a minha culpa. *nah͜oon eh uh MEE-nyuh KOOL-puh.*

128. I do not remember [the name].
Não me lembro [do nome].
nah͜oon me̦ LAYN-broo [doo NOH-me̦].

129. What is wrong? O que há? *oo ke̦ ah?*

130. What shall I do?
Que devo fazer? *ke̦ DAY-voo fuh-ZAYR?*

131. Let us alone!
Deixe-nos sós. *DAY͜EE-she̦-noos sawsh.*

132. Go away! Vá-se embora! *VAH-se̦ ayn-BAW-ruh!*

133. Help! Socorro! *soo-KOH-rroo!*

134. Police! Polícia! *poo-LEE-see-uh!*

135. Thief! Ladrão! *luh-DRAH͜OON!*

136. Fire! Fogo! *FOH-goo!*

137. Look out! Cuidado! *kwee-DAH-doo!*

138. This is an emergency.
Isto é uma emergência.
EESH-too eh OO-muh ee-me̦r-ZHAYN-see-uh.

CUSTOMS

139. Where is [the customs office]?
Onde é [a alfândega]? $\overline{OHN}$-dę eh [uh ahl-$\overline{FUHN}$-dę-guh]?

140. Here is [our baggage].
Aqui está [a nossa bagagem].
uh-KEE ęsh-TAH [uh NAW-suh buh-GAH-zhāyn].

141. —my passport.
—o meu passaporte.
—oo may‿oo pah-suh-PAWR-tę.

142. —my identification card.
—o meu cartão de identidade.
—oo may‿oo kuhr-$\overline{TAH\_OON}$ dę ee-dayn-tee-DAH-dę.

143. —my health certificate.
—o meu atestado médico.
—oo may‿oo uh-tęsh-TAH-doo MEH-dee-koo.

144. —my visitor's visa.
—o meu visto de visitante.
—oo may‿oo VEESH-too dę vee-zee-$\overline{TUHN}$-tę.

145. I am in transit.
Estou de passagem.   ęsh-TOH dę puh-SAH-zhāyn.

146. [The bags] over there are mine.
[As malas] que estão acolá são minhas.
[uhzh MAH-luhsh] kę ęsh-$\overline{TAH\_OON}$ uh-koo-LAH sah‿oon MEE-nyuhsh.

147. Must I open everything?
Devo abrir tudo?   DAY-voo uh-BREER TOO-doo?

148. I cannot open [the trunk].
Não posso abrir [a mala].
nah‿oon PAW-soo uh-BREER [uh MAH-luh].

149. There is nothing here [but clothing].
Não há nada aqui [senão roupas].
nah͜oon ah NAH-duh uh-KEE [sẹ-NAH͜OON ROH-puhsh].

150. I have nothing to declare.
Não tenho nada a declarar.
nah͜oon TAY-nyoo NAH-duh uh dẹ-kluh-RAHR.

151. Everything is for my personal use.
Tudo é para meu uso pessoal.
TOO-doo eh PUH-ruh may͜oo OO-zoo pẹ-soo-AHL.

152. I bought [this necklace] in the United States.
Comprei [este colar] nos Estados Unidos.
kohn-PRAY͜EE [AYSH-tẹ koo-LAHR] nooz ẹsh-TAH-dooz oo-NEE-doosh.

153. These are [gifts].
Isto são [presentes]. *EESH-too sah͜oon [prẹ-ZAYN-tẹsh]*.

154. This is all I have.
Isto é tudo o que tenho.
EESH-too eh TOO-doo oo kẹ TAY-nyoo.

155. Must duty be paid on [these things]?
[Estas coisas] pagam direitos?
[EHSH-tuhsh KOY-zuhsh] PAH-gah͜oon dee-RAY͜EE-toosh?

156. Have you finished? Acabou? *uh-kuh-BOH?*

BAGGAGE

157. Where can we check our luggage through to [Faro]?
Onde poderemos despachar a nossa bagagem para [Faro]?
OHN-dẹ poo-dẹ-RAY-moozh dẹsh-puh-SHAHR uh NAW-suh buh-GAH-zhayn PUH-ruh [FAH-roo]?

158. I cannot find all my baggage.
Não posso encontrar toda a minha bagagem.
nah͜_oon PAW-soo ayn-kohn-TRAHR TOH-duh uh MEE-nyuh buh-GAH-zhayn.

159. These things to the [left] [right] belong to me.
Estas coisas à [esquerda] [direita] pertencem-me.
EHSH-tuhsh KOY-zuhz ah [ęsh-KAYR-duh] [dee-RAY͜_EE-tuh] pęr-TAYN-sayn-mę.

160. One of my packages is missing.
Falta um dos meus pacotes.
FAHL-tuh oon doozh may͜_oosh puh-KAW-tęsh.

161. I want to leave [this suitcase] here for a few days.
Desejo deixar [esta mala] aqui por uns dias.
dę-ZAY-zhoo day͜_ee-SHAHR [EHSH-tuh MAH-luh] uh-KEE poor oonzh DEE-uhsh.

162. Give me a receipt for the baggage.
Dê-me um recibo da bagagem.
DAY-mę oon rę-SEE-boo duh buh-GAH-zhayn.

163. I own [a black trunk].
Possuo [uma mala preta].
poh-SOO-oo [OO-muh MAH-luh PRAY-tuh].

164. —four pieces of luggage altogether.
—ao todo quatro volumes de bagagem.
—ah͜_oo TOH-doo KWAH-troo voh-LOO-męzh dę buh-GAH-zhayn.

165. Carry this to the baggage room.
Leve isto para o quarto da bagagem.
LEH-vę EESH-too PUH-ruh oo KWAHR-too duh buh-GAH-zhayn.

166. Don't forget that.
Não se esqueça disso. *nah͜_oon sę ęsh-KEH-suh DEE-soo.*

167. I shall carry this (myself).
Eu levo isto. *ay͜oo LAY-voo EESH-too.*

168. Follow me. Siga-me. *SEE-guh-mę.*

169. Get me [a taxi].
Chame [um táxi]. *SHUH-mę [oon TAH-ksee].*

170. —a porter.
—um carregador.
—oon kuh-rrę-guh-DOHR.

171. This is very [fragile].
Isto é muito [frágil].
EESH-too eh MOO͜EEN-too [FRAH-zheel].

172. Handle this carefully.
Leve isto com cuidado.
LEH-vę EESH-too kohn kwee-DAH-doo.

173. How much do I owe you?
Quanto lhe devo? *KWUHN-too lyę DAY-voo?*

174. What is the customary tip?
Qual é a gorjeta normal?
kwahl eh uh goor-ZHAY-tuh nawr-MAHL?

TRAVEL DIRECTIONS

175. I want to go [to the airline office].
Quero ir [ao escritório da linha aérea].
KEH-roo eer [ah͜oo ęsh-kree-TAW-ree-oo duh LEE-nyuh uh-EH-ree-uh].

176. —to the travel agent's office.
—ao escritório da agência de viagens.
—ah͜oo ęsh-kree-TAW-ree-oo duh uh-ZHAYN-see-uh dę vee-AH-zhaynsh.

TRAVEL DIRECTIONS

177. —to the [Spanish] government tourist office.
—ao escritório turístico do governo [espanhol].
—ah‿oo ęsh-kree-TAW-ree-oo too-REESH-tee-koo doo goo-VAYR-noo [ęsh-puh-NYAWL].

178. How long does it take to walk [to the Praça do Comércio]?
Quanto tempo leva a pé [para a Praça do Comércio]?
KWUHN-too TAYN-poo LEH-vuh uh peh [PUH-ruh uh PRAH-suh doo koo-MEHR-see-oo]?

179. Is this the shortest way [to the Praça de Touros]?
É este o caminho mais curto [para a Praça de Touros]?
eh AYSH-tę oo kuh-MEE-nyoo mah‿eesh KOOR-too [PUH-ruh uh PRAH-suh dę TOH-roosh]?

180. Show me the way [to the center of town].
Indique-me o caminho [para o centro da cidade].
een-DEE-kę-mę oo kuh-MEE-nyoo [PUH-ruh oo SAYN-troo duh see-DAH-dę].

181. —to the shopping section.
—para o bairro comercial.
—PUH-ruh oo BAH‿EE-rroo koo-męr-see-AHL.

182. Do I turn to the [north] [south] [east] [west]?
Volto para o [norte] [sul] [leste] [oeste]?
VAWL-too PUH-ruh oo [NAWR-tę] [sool] [LEHSH-tę] [OO‿EHSH-tę]?

183. Do I turn to the [left] [right]?
Volto para a [esquerda] [direita]?
VAWL-too PUH-ruh uh [ęsh-KAYR-duh] [dee-RAY‿EE-tuh]?

184. [What street] is this?
[Que rua] é esta? [kę ROO-uh] eh EHSH-tuh?

TRAVEL DIRECTIONS

185. How far is it from here?
A que distância fica daqui?
uh kę deesh-TUHN-see-uh FEE-kuh duh-KEE?

186. Is it near or far?
É perto ou longe? *eh PEHR-too oh LOHN-zhę?*

187. Can we walk there?
Podemos andar a pé até lá?
poo-DAY-mooz uhn-DAHR uh peh uh-TEH lah?

188. Am I going in the right direction?
Vou na direcção correcta?
voh nuh dee-reh-SAH͝_OON koh-RREH-tuh?

189. Please point.
Aponte por favor. *uh-POHN-tę poor fuh-VOHR.*

190. Should I go [this way] [that way]?
Devo ir [por aqui] [por ali]?
DAY-voo eer [poor uh-KEE] [poor uh-LEE]?

191. Turn [left] [right] at the next corner.
Volte [à esquerda] [à direita] na próxima esquina.
VAWL-tę [ah ęsh-KAYR-duh] [ah dee-RAY͝_EE-tuh] nuh PRAW-see-muh ęsh-KEE-nuh.

192. Is it [on this side of the street]?
É [deste lado da rua]?
eh [DAYSH-tę LAH-doo duh ROO-uh]?

193. —on the other side of the street.
—no outro lado da rua.
—noo OH-troo LAH-doo duh ROO-uh.

194. —across the bridge.
—do outro lado da ponte.
—doo OH-troo LAH-doo duh POHN-tę.

195. —along the boulevard.
—ao longo do bulevar.
—ah͝_oo LOHN-goo doo boo-lę-VAHR.

17

TRAVEL DIRECTIONS

196. —between these avenues.
—entre estas avenidas.
—$\overline{AYN}$-tre EHSH-tuhz uh-ve-NEE-duhsh.

197. —beyond the traffic light.
—para além da luz de tráfego.
—PUH-ruh uh-$\overline{LAYN}$ duh loozh de TRAH-fe-goo.

198. —next to the apartment house.
—a seguir ao edifício de apartamentos.
—uh se-GEER ah‿oo ee-dee-FEE-see-oo de uh-puhr-tuh-$\overline{MAYN}$-toosh.

199. —in the middle of the block.
—no meio do quarteirão.
—noo MAY‿EE-oo doo kwuhr-tay‿ee-$\overline{RAH\_OON}$.

200. —straight ahead.
—a direito.
—uh dee-RAY‿EE-too.

201. —inside the station.
—dentro da estação.
—$\overline{DAYN}$-troo duh esh-tuh-$\overline{SAH\_OON}$.

202. —near the square.
—perto da praça.
—PEHR-too duh PRAH-suh.

203. —outside the lobby.
—fora do vestíbulo.
—FAW-ruh doo vesh-TEE-boo-loo.

204. —at the entrance.
—à entrada.
—ah $\overline{ayn}$-TRAH-duh.

205. —opposite the park.
—oposto ao parque.
—oh-POHSH-too ah‿oo PAHR-ke.

TRAVEL DIRECTIONS

206. —beside the school.
—ao lado da escola.
—*ah͜ oo LAH-doo duh ęsh-KAW-luh.*

207. —in front of the monument.
—em frente do monumento.
—*ayn FRAYN-tę doo moo-noo-MAYN-too.*

208. —in the rear of the store.
—atrás da loja.
—*uh-TRAHZH duh LAW-zhuh.*

209. —behind the building.
—atrás do edifício.
—*uh-TRAHZH doo ee-dee-FEE-see-oo.*

210. —up the hill.
—para cima do monte.
—*PUH-ruh SEE-muh doo MOHN-tę.*

211. —down the stairs.
—lá em baixo.
—*lah ayn BAH͜ EE-shoo.*

212. —at the top of the escalator.
—ao cimo da escada eléctrica.
—*ah͜ oo SEE-moo duh ęsh-KAH-duh ee-LEH-tree-kuh.*

213. —around the traffic circle.
—à volta da rotunda do trânsito.
—*ah VAWL-tuh duh roo-TOON-duh doo TRUHN-zee-too.*

214. —over the exit.
—por cima da saída.
—*poor SEE-muh duh suh-EE-duh.*

215. The apartment house.
O prédio de apartamentos.
oo PREH-dee-oo dę uh-puhr-tuh-MAYN-toosh.

216. The factory. A fábrica. *uh FAH-bree-kuh.*

217. The office building.
O prédio de escritórios.
oo PREH-dee-oo dę ęsh-kree-TAW-ree-oosh.

218. The residential section.
O bairro residencial.
oo BAH‿EE-rroo rę-zee-dayn-see-AHL.

219. The suburbs.
Os subúrbios (OR: Os arredores).
oos soo-BOOR-bee-oosh (OR: ooz uh-rrę-DAW-ręsh).

220. The city.   A cidade.   *uh see-DAH-dę.*

221. The country.   O campo.   *oo KUHN-poo.*

222. The village.   A aldeia.   *uh ahl-DAY‿EE-uh.*

BOAT

223. When must I go on board?
Quando devo ir para bordo?
KWUHN-doo DAY-voo eer PUH-ruh BAWR-doo?

224. Bon voyage!
Boa viagem!   *BOH-uh vee-AH-zhayn!*

225. I want to rent a deck chair.
Quero arrendar uma cadeira de convés.
KEH-roo uh-rrayn-DAHR OO-muh kuh-DAY‿EE-ruh dę kohn-VEHSH.

226. Can we go ashore [at Lagos]?
Podemos desembarcar [em Lagos]?
poo-DAY-moozh dę-zayn-buhr-KAHR [ayn LAH-goosh]?

227. At what time is dinner served?
A que horas servem o jantar?
uh kę AW-ruhsh SEHR-vayn oo zhuhn-TAHR?

BOAT

228. When is the [first] [second] sitting?
Quando é a [primeira] [segunda] chamada para a mesa?
KWUHN-doo eh uh [pree-MAY_EE-ruh] [sę-GOON-duh] shuh-MAH-duh PUH-ruh uh MAY-zuh?

229. I feel seasick.
Sinto-me [enjoado (M.)] [enjoada (F.)].
SEEN-too-mę [ayn-zhoo-AH-doo] [ayn-zhoo-AH-duh].

230. Have you a remedy for seasickness?
Tem um remédio para o enjôo?
tayn oon rę-MEH-dee-oo PUH-ruh oo ayn-ZHOH-oo?

231. The lifeboat.
O barco salva-vidas. *oo BAHR-koo SAHL-vuh-VEE-dush.*

232. The life preserver.
O salva-vidas. *oo SAHL-vuh-VEE-dush.*

233. The ferry.
O barco de travessia. *oo BAHR-koo dę truh-vę-SEE-uh.*

234. The dock. A doca. *uh DAW-kuh.*

235. The cabin. A cabine. *uh kuh-BEE-nę.*

236. The deck. O convés. *oo kohn-VEHSH.*

237. The gymnasium. O ginásio. *oo zhee-NAH-zee-oo.*

238. The pool. A piscina. *uh peesh-SEE-nuh.*

239. The captain.
O comandante. *oo koo-muhn-DUHN-tę.*

240. The purser.
O comissário. *oo koo-mee-SAH-ree-oo.*

241. The cabin steward.
O camaroteiro. *oo kuh-muh-roo-TAY_EE-roo.*

242. The dining-room steward.
O dispenseiro da sala de jantar.
oo deesh-payn-SAY_EE-roo duh SAH-luh dę zhuhn-TAHR.

AIRPLANE

243. I want [to make] [to cancel] a reservation.
Quero [fazer] [cancelar] uma reserva.
KEH-roo [fuh-ZAYR] [ku͞hn-sę-LAHR] OO-muh rę-ZEHR-vuh.

244. When is the next flight to [Madeira]?
Quando é o próximo vôo para [Madeira]?
KWU͞HN-doo eh oo PRAW-see-moo VOH-oo PUH-ruh [muh-DAY‿EE-ruh]?

245. When does the plane arrive [at the Azores]?
Quando chega o avião [aos Açores]?
KWU͞HN-doo SHAY-guh oo uh-vee-A͞H‿OON [ah‿ooz uh-SOH-ręsh]?

246. What kind of plane is used on that flight?
Que espécie de avião é usado nesse vôo?
kę ęsh-PEH-see-ę dę uh-vee-A͞H‿OON eh oo-ZAH-doo NAY-sę VOH-oo?

247. Will food be served?
Servem alguma refeição?
SEHR-vayn ahl-GOO-muh rę-fay‿ee-SA͞H‿OON?

248. May I confirm the reservation by telephone?
Posso confirmar a reserva pelo telefone?
PAW-soo ko͞hn-feer-MAHR uh rę-ZEHR-vuh ploo tę-lę-FAW-nę?

249. At what time should we check in [at the airport]?
A que horas devemos estar [no aeroporto]?
uh kę AW-ruhzh dę-VAY-mooz ęsh-TAHR [noo uh-ę-roh-POHR-too]?

AIRPLANE

250. How long does it take to get to the airport from my hotel?
Quanto tempo leva do meu hotel ao aeroporto?
KWŪHN-too TĀYN-poo LEH-vuh doo may‿oo oh-TEHL ah‿oo uh-ę-roh-POHR-too?

251. Is there bus service between the airport and the city?
Há serviço de autocarro entre o aeroporto e a cidade?
ah sęr-VEE-soo dę ah‿oo-too-KAH-rroo ĀYN-trę oo uh-ę-roh-POHR-too ee uh see-DAH-dę?

252. Is that flight [direct] [nonstop]?
É esse vôo [directo] [sem escala]?
eh AY-sę VOH-oo [dee-REH-too] [sayn ęsh-KAH-luh]?

253. Where does the plane stop en route?
Neste vôo onde pára o avião?
NAYSH-tę VOH-oo ŌHN-dę PAH-ruh oo uh-vee-ĀH‿OON?

254. How long do we stop?
Quanto tempo paramos?
KWŪHN-too TĀYN-poo puh-RUH-moosh?

255. May I stop over in [Lisbon]?
Posso parar em [Lisboa]?
PAW-soo puh-RAHR ayn [leezh-BOH-uh]?

256. We want to travel [first class] [economy class].
Queremos viajar [em primeira classe] [em classe económica].
kę-RAY-moozh vee-uh-ZHAHR [ayn pree-MAY‿EE-ruh KLAH-sę] [ayn KLAH-sę ee-koh-NAW-mee-kuh].

257. Is flight [22] on time?
O vôo [vinte e dois] sai à tabela?
oo VOH-oo [VĒEN-tę ee DOYSH] sah‿ee ah tuh-BEH-luh?

AIRPLANE

258. How much baggage am I allowed?
Quanta bagagem me é permitida?
KWUHN-tuh buh-GAH-zhayn mę eh pęr-mee-TEE-duh?

259. How much per kilo for excess?
Quanto por quilo de excesso?
KWUHN-too poor KEE-loo dę ęsh-SEH-soo?

260. May I carry this with me?
Posso levar isto comigo?
PAW-soo lę-VAHR EESH-too koo-MEE-goo?

261. Give me a seat [on the aisle].
Dê-me um lugar [na coxia].
DAY-mę oon loo-GAHR [nuh koh-SHEE-uh].

262. —by a window.
—perto duma janela.
—PEHR-too DOO-muh zhuh-NEH-luh.

263. —by the emergency exit.
—perto da saída de emergência.
—PEHR-too duh suh-EE-duh dę ee-męr-ZHAYN-see-uh.

264. May we board the plane now?
Já podemos embarcar?
zhah poo-DAY-mooz ayn-buhr-KAHR?

265. From which gate does my flight leave?
Qual é o portão de embarque?
kwahl eh oo poor-TAH͡_OON dę ayn-BAHR-kę?

266. Call the stewardess.
Chame a hospedeira.
SHUH-mę uh ohsh-pę-DAY͡_EE-ruh.

267. Fasten your seat belt.
Apertem o cinto do assento.
uh-PEHR-tayn oo SEEN-too doo uh-SAYN-too.

268. May I smoke?
Posso fumar? *PAW-soo foo-MAHR?*

269. Will we arrive [on time] [late]?
Chegaremos [à hora marcada] [tarde]?
shay-guh-RAY-mooz [ah AW-ruh muhr-KAH-duh] [TAHR-dẹ]?

270. An announcement.
Um anúncio. oon uh-NOON-see-oo.

271. A boarding pass.
Um passe de embarque. oon PAH-sẹ dẹ ayn-BAHR-kẹ.

272. The limousine.
A limusina. uh lee-moo-ZEE-nuh.

TRAIN

273. When does the ticket office [open] [close]?
Quando [abre] [fecha] a bilheteira?
KWUHN-doo [AH-brẹ] [FAY-shuh] uh bee-lyẹ-TAY͜EE-ruh?

274. When is the next train for [Tomar]?
Quando é o próximo combóio para [Tomar]?
KWUHN-doo eh oo PRAW-see-moo kohn-BOY-oo PUH-ruh [too-MAHR]?

275. Is there [an earlier] [a later] train?
Há um combóio [mais cedo] [mais tarde]?
ah oon kohn-BOY-oo [mah͜eesh SAY-doo] [mah͜eesh TAHR-dẹ]?

276. Is there [a local] [an express] train?
Há um combóio [ónibus] [expresso]?
ah oon kohn-BOY-oo [AW-nee-boosh] [ẹsh-PREH-soo]?

277. From which track does the train leave?
De que linha parte o combóio?
dẹ kẹ LEE-nyuh PAHR-tẹ oo kohn-BOY-oo?

TRAIN

278. Where can I get a timetable?
Onde posso obter um horário?
$\overline{OHN}$-d̨e PAW-soo ohb-TAYR oon aw-RAH-ree-oo?

279. Does this train stop at [Évora]?
Este combóio pára em [Évora]?
AYSH-t̨e kohn-BOY-oo PAH-ruh $\overline{ayn}$ [EH-voh-ruh]?

280. Is there time to get off?
Há tempo para sair? ah $\overline{TAYN}$-poo PUH-ruh suh-EER?

281. When do we arrive?
Quando chegamos? $\overline{KWUHN}$-doo sh̨e-GUH-moosh?

282. Is this seat taken?
Este lugar está ocupado?
AYSH-t̨e loo-GAHR ęsh-TAH oh-koo-PAH-doo?

283. Am I disturbing you?
Estou a [incomodá-lo (TO M.)] [incomodá-la (TO F.)]?
ęsh-TOH uh [een-koo-moo-DAH-loo] [een-koo-moo-DAH-luh]?

284. Open the window.
Abra a janela. AH-bruh uh zhuh-NEH-luh.

285. Close the door.
Feche a porta. FAY-sh̨e uh PAWR-tuh.

286. Where are we now?
Onde estamos agora?
$\overline{OHN}$-d̨e ęsh-TUH-mooz uh-GAW-ruh?

287. Is the train on time?
O combóio está à tabela?
oo k$\overline{ohn}$-BOY-oo ęsh-TAH ah tuh-BEH-luh?

288. How late are we?
Quanto estamos atrasados?
K$\overline{WUHN}$-too ęsh-TUH-mooz uh-truh-ZAH-doosh?

289. The conductor. O condutor. oo k$\overline{ohn}$-doo-TOHR.

290. The gate. O portão. oo poor-$\overline{TAH\_OON}$.

TRAIN

291. The baggage checkroom.
O depósito da bagagem.
oo dę-PAW-zee-too duh buh-GAH-zhayn.

292. The berth. A cama. *uh KUH-muh.*

293. The buffet car. O bufete. *oo boo-FAY-tę.*

294. A half-price (child's) ticket.
(Um) meio bilhete. *(oon) MAY_EE-oo bee-LYAY-tę.*

295. The platform.
A plataforma. *uh plah-tuh-FAWR-muh.*

296. A porter.
Um bagageiro. *oon buh-guh-ZHAY_EE-roo.*

297. A roomette. Um cabine. *oon kuh-BEE-nę.*

298. The refreshment room.
A cantina. *uh kuhn-TEE-nuh.*

299. A second-class ticket.
Um bilhete de segunda classe.
oon bee-LYAY-tę dę sę-GOON-duh KLAH-sę.

300. The information office (OR: booth).
O escritório de informação.
oo ęsh-kree-TAW-ree-oo dę een-fohr-muh-SAH_OON.

301. A one-way ticket.
Um bilhete de ida. *oon bee-LYAY-tę dę EE-duh.*

302. A round-trip ticket.
Um bilhete de ida e volta.
oon bee-LYAY-tę dę EE-duh ee VAWL-tuh.

303. A platform ticket.
Um bilhete de gare. *oon bee-LYAY-tę dę GAH-rę.*

304. The railroad station.
A estação de caminho de ferro.
uh ęsh-tuh-SAH_OON dę kuh-MEE-nyoo dę FEH-rroo.

305. The waiting room.
A sala de espera.   *uh SAH-luh dę ęsh-PEH-ruh.*

306. The sleeping car.
O vagão leito.   *oo vuh-GĀH͡OON LAY͜EE-too.*

307. A bedroom compartment.
Um compartimento-cama.
oon kohn-pahr-tee-MĀYN-too-KUH-muh.

308. The smoking car.
O carro de fumadores.
oo KAH-rroo de foo-muh-DAW-ręsh.

309. The dining car.
O vagão-restaurante.
oo vuh-GĀH͡OON-ręsh-tah͜oo-RŪHN-tę.

BUS, SUBWAY, STREETCAR

310. Where does [the streetcar] stop?
Onde pára [o eléctrico]?
ŌHN-dę PAH-ruh [oo ee-LEH-tree-koo]?

311. How often does [the bus] run?
De quanto em quanto tempo há [autocarro]?
dę KWUHN-too ayn KWŪHN-too TĀYN-poo ah [ah͜_oo-too-KAH-rroo]?

312. [Which bus] goes to [Graça]?
[Qual é o autocarro] que vai para [a Graça]?
[kwahl eh oo ah͜_oo-too-KAH-rroo] kę vah͜_ee PUH-ruh [uh GRAH-suh]?

313. How much is the fare?
Quanto custa a passagem?
KWŪHN-too NOOSH-tuh uh puh-SAH-zhāyn?

314. Do you go near [Avenida da Liberdade]?
Passa perto [da Avenida da Liberdade]?
PAH-suh PEHR-too [duh uh-vę-NEE-duh duh lee-bęr-DAH-dę]?

315. I want to get off [at the next stop] [right here].
Quero sair [na próxima paragem] [aqui mesmo].
KEH-roo suh-EER [nuh PRAW-see-muh puh-RAH-zhayn] [uh-KEE MAYZH-moo].

316. Please tell me where to get off.
Diga-me onde devo sair.
DEE-guh-mę OHN-dę DAY-voo suh-EER.

317. Will I have to change?
Tenho que mudar? *TAY-nyoo kę moo-DAHR?*

318. Where do I transfer?
Onde devo transferir?
OHN-dę DAY-voo truhnsh-fę-REER?

319. The driver.
O motorista. *oo moo-too-REESH-tuh.*

320. The transfer.
A correspondência. *uh koh-rręsh-pohn-DAYN-see-uh.*

321. The bus stop.
A paragem do autocarro.
uh puh-RAH-zhayn doo ah‿oo-too-KAH-rroo.

322. Where is the subway?
Onde é o Metrô? *OHN-dę eh oo mę-TROH?*

TAXI

323. Please call a taxi for me.
Por favor chame um táxi.
poor fuh-VOHR SHUH-mę oon TAH-ksee.

324. Are you free (driver)?
Está livre? *ęsh-TAH LEE-vrę?*

325. What do you charge [per hour] [per kilometer] [per day]?
Quanto leva [por hora] [por quilómetro] [por dia]?
KWUHN-too LEH-vuh [poor AW-ruh] [poor kee-LAW-mę-troo] [poor DEE-uh]?

326. Take me to this address.
Leve-me a este endereço.
LEH-vę-mę uh AYSH-tę ayn-dę-RAY-soo.

327. How much will the ride cost?
Quanto custa a corrida?
KWUHN-too KOOSH-tuh uh koo-RREE-duh?

328. How long will it take to get there?
Quanto tempo leva até lá?
KWUHN-too TAYN-poo LEH-vuh uh-TEH lah?

329. Drive us around [for one hour].
Vamos dar uma volta [por uma hora].
VUH-moozh dahr OO-muh VAWL-tuh [poor OO-muh AW-ruh].

330. Drive more carefully.
Vá com mais cuidado. *vah kohn mah‿eesh kwee-DAH-doo.*

331. Drive more slowly.
Vá mais devagar. *vah mah‿eezh dę-vuh-GAHR.*

332. I am not in a great hurry.
Não estou com muita pressa.
nah‿oon ęsh-TOH kohn MOO‿EEN-tuh PREH-suh.

333. Stop here. Pare aqui. *PAH-rę uh-KEE.*

334. Wait for me here.
Espere por mim aqui. *ęsh-PEH-rę poor meen uh-KEE.*

335. I will return in [five minutes].
Volto em [cinco minutos]
VAWL-too ayn [*SEEN-koo mee-NOO-toosh*].

336. Keep the change.
Guarde o troco. *GWAHR-dę oo TROH-koo.*

337. The taxi stand.
A praça dos táxis. *uh PRAH-suh doosh TAH-kseesh.*

338. The taxi meter.
O taxímetro. *oo tah-KSEE-mę-troo.*

RENTING AUTOS (AND OTHER VEHICLES)

339. What [(kind of) cars] do you have?
Que [carros] tem? *kę* [*KAH-rroosh*] *tayn?*

340. I have an international driver's license.
Tenho uma carta internacional de condução.
TAY-nyoo OO-muh KAHR-tuh een-tęr-nuh-see-oo-NAHL dę kohn-doo-SAH͡OON.

341. What is the rate [per day]?
Qual é a tarifa [por dia]?
kwahl eh uh tuh-REE-fuh [*poor DEE-uh*]*?*

342. How much additional [per kilometer]?
Quanto custa mais [por quilómetro]?
KWUHN-too KOOSH-tuh mah͡ͅeesh [*poor kee-LAW-mę-troo*]*?*

343. Are oil and gas (also) included?
O óleo e a gasolina estão incluidos?
oo AW-lee-oo ee uh guh-zoo-LEE-nuh ęsh-TAH͡OON een-kloo-EE-doosh?

32 RENTING AUTOS (AND OTHER VEHICLES)

344. Does the insurance policy cover [personal liability]?
O seguro inclui [responsabilidade civil]?
oo sę-GOO-roo een-KLOO͜EE [ręsh-pohn-suh-bee-lee-DAH-dę see-VEEL]?

345. —property damage.
—danos a terceiros.
—*DUH-nooz uh tęr-SAY͜EE-roosh.*

346. —collision.
—colisão.
—*koo-lee-ZAH͜OON.*

347. Are the papers in order?
Os documentos estão en ordem?
oozh doo-koo-MAYN-tooz ęsh-TAH͜OON ayn AWR-dayn?

348. I am not familiar with this car.
Não tenho experiência com este carro.
nah͜oon TAY-nyoo ęsh-pę-ree-AYN-see-uh kohn AYSH-tę KAH-rroo.

349. Explain [this dial] [this mechanism].
Explique-me [este mostrador] [este maquinismo].
ęsh-PLEE-kę-mę [AYSH-tę moosh-truh-DOHR] [AYSH-tę muh-kee-NEEZH-moo].

350. Show me how [the heater] operates.
Mostre-me como trabalha [o aquecedor].
MAWSH-trę-mę KAW-moo truh-BAH-lyuh [oo uh-kę-sę-DOHR].

351. Will someone pick it up at the hotel?
Pode alguém ir buscá-lo ao hotel?
PAW-dę ahl-GAYN eer boosh-KAH-loo ah͜oo oh-TEHL?

352. Is the office open all night?
O escritório está aberto toda a noite?
oo ęsh-kree-TAW-ree-oo ęsh-TAH uh-BEHR-too TOH-duh uh NOY-tę?

353. The bicycle.   A bicicleta.   *uh bee-see-KLEH-tuh.*

354. The motorcycle.
A motocicleta.   *uh moo-too-see-KLEH-tuh.*

355. The motor scooter.
A lambreta.   *uh luhn-BREH-tuh.*

356. The horse and wagon.
A carroça.   *uh kuh-RRAW-suh.*

AUTO: DIRECTIONS

357. What is the name [of this city]?
Qual é o nome [desta cidade]?
kwahl eh oo NOH-mę [DEHSH-tuh see-DAH-dę]?

358. How far [to the next town]?
A que distância fica [a próxima cidade]?
uh kę deesh-TUHN-see-uh FEE-kuh [uh PRAW-see-muh see-DAH-dę]?

359. Where does [this road] lead?
Onde vai ter [esta estrada]?
OHN-dę vah ee tayr [EHSH-tuh ęsh-TRAH-duh]?

360. Are there road signs?
Esta estrada tem sinalização?
EHSH-tuh ęsh-TRAH-duh tayn see-nuh-lee-zuh-SAH OON?

361. Is the road [paved] [rough]?
A estrada é [pavimentada] [má]?
uh ęsh-TRAH-duh eh [puh-vee-mayn-TAH-duh] [mah]?

AUTO: DIRECTIONS

362. Show me the easiest way.
Mostre-me o caminho mais fácil.
MAWSH-tr̨e-m̨e oo kuh-MEE-nyoo mah‿eesh FAH-seel.

363. Show it to me on this road map.
Mostre-me neste mapa.
MAWSH-tr̨e-m̨e NAYSH-t̨e MAH-puh.

364. Can I avoid heavy traffic?
Posso fugir ao tráfego?
PAW-soo foo-ZHEER ah‿oo TRAH-f̨e-goo?

365. May I park here [for a while] [overnight]?
Posso estacionar aqui [por algum tempo] [toda a noite]?
PAW-soo ̨esh-tuh-see-oo-NAHR uh-KEE [poor ahl-GOON TAYN-poo] [TOH-duh uh NOY-t̨e]?

366. The approach. O acesso. *oo uh-SEH-soo.*

367. The expressway.
A auto-estrada. *uh ah‿oo-too-̨esh-TRAH-duh.*

368. The fork.
A bifurcação. *uh bee-foor-kuh-SAH‿OON.*

369. The intersection.
A intersecção. *uh een-t̨er-seh-SAH‿OON.*

370. The major road.
A estrada principal. *uh ̨esh-TRAH-duh preen-see-PAHL.*

371. The garage. A garagem. *uh guh-RAH-zhayn.*

372. The auto repair shop.
A garagem de reparações.
uh guh-RAH-zhayn d̨e r̨e-puh-ruh-SOYNSH.

373. The parking lot.
O parque de estacionamento.
oo PAHR-k̨e d̨e ̨esh-tuh-see-oo-nuh-MAYN-too.

374. The traffic circle.
A rotunda de tráfego. *uh roo-TOON-duh d̨e TRAH-f̨e-goo.*

375. The traffic light.
A luz de tráfego (OR: O semáforo).
uh loozh dę TRAH-fę-goo (OR: *oo sę-MAH-foo-roo*).

376. The stop sign.
O sinal de paragem.   *oo see-NAHL dę puh-RAH-zhayn*.

AUTO: HELP ON THE ROAD

377. My car has broken down.
O meu carro está avariado.
oo may‿oo KAH-rroo ęsh-TAH uh-vuh-ree-AH-doo.

378. Call a mechanic.
Chame um mecânico.   *SHUH-mę oon mę-KUH-nee-koo*.

379. Help me push [the car] to the side.
Ajude-me a empurrar [o carro] para o lado.
uh-ZHOO-dę-mę uh ayn-poo-RRAHR [oo KAH-rroo] PUH-ruh oo LAH-doo.

380. Push me.   Empurre-me.   *ayn-POO-rrę-mę*.

381. May I borrow [a jack]?
Pode-me emprestar [um macaco]?
PAW-dę-mę ayn-pręsh-TAHR [oon muh-KAH-koo]?

382. Change the tire.
Mude o pneu.   *MOO-dę oo pnay‿oo*.

383. My car is stuck [in the mud] [in the ditch].
O meu carro está atolado [na lama] [na valeta].
oo may‿oo KAH-rroo ęsh-TAH uh-too-LAH-doo [nuh LUH-muh] [nuh vuh-LEH-tuh].

384. Drive me to the nearest gas station.
Leve-me ao próximo posto de serviço (OR: posto de gasolina).
LEH-vę-mę ah‿oo PRAW-see-moo POHSH-too dę sęr-VEE-soo (OR: *POHSH-too dę guh-zoo-LEE-nuh*).

AUTO: GAS STATION

385. Give me [twenty] liters of [regular] gasoline.
Ponha [vinte] litros de gasolina [normal].
POH-nyuh [VEEN-tę] LEE-troozh dę guh-zoo-LEE-nuh [nawr-MAHL].

386. Fill it up.
Encha o depósito. AYN-shuh oo dę-PAW-zee-too.

387. Check the oil.
Verifique o óleo. vę-ree-FEE-kę oo AW-lee-oo.

388. [Light] [medium] [heavy] oil.
Óleo [leve] [médio] [pesado].
AW-lee-oo [LEH-vę] [MEH-dee-oo] [pę-ZAH-doo].

389. Put water in the radiator.
Ponha água no radiador.
POH-nyuh AH-gwuh noo ruh-dee-uh-DOHR.

390. Recharge the battery.
Carregue a bateria. kuh-RREH-gę uh buh-tę-REE-uh.

391. Clean the windshield.
Limpe o pára-brisas. LEEN-pę oo PAH-ruh-BREE-zuhsh.

392. Adjust the brakes.
Afine os freios. uh-FEE-nę oosh FRAY‿EE-oosh.

393. Check the tire pressure.
Verifique a pressão dos pneus.
vę-ree-FEE-kę uh prę-SAH‿OON doosh pnay‿oosh.

394. Repair the flat tire.
Conserte o furo do pneu.
kohn-SEHR-tę oo FOO-roo doo pnay‿oo.

395. Could you wash it [now]?
Pode lavá-lo [agora]?
PAW-dę luh-VAH-loo [uh-GAW-ruh]?

396. How long must we wait?
Quanto tempo temos de esperar?
KWUHN-too TAYN-poo TAY-moozh dę ęsh-pę-RAHR?

397. The motor overheats.
O motor aquece muito.
oo moo-TOHR uh-KEH-sę MOO͡_EEN-too.

398. Is there a leak?
Está a verter?   *ęsh-TAH uh vęr-TAYR?*

399. It makes noise.
Faz barulho.   *fahzh buh-ROO-lyoo.*

400. The lights do not work.
As luzes não trabalham.
uhzh LOO-zęzh nah͡_oon truh-BAH-lyah͡_oon.

401. The car does not start.
O carro não pega.   *oo KAH-rroo nah͡_oon PEH-guh.*

PARTS OF THE CAR
(AND AUTO EQUIPMENT)

402. Accelerator.   O acelerador.   *oo uh-sę-lę-ruh-DOHR.*

403. Air filter.
O filtro do ar.   *oo FEEL-troo doo ahr.*

404. Alcohol.   O álcool.   *oo AHL-kawl.*

405. Antifreeze.
O anti-congelante.   *oo uhn-tee-kohn-zhę-LUHN-tę.*

406. Axle.   O eixo.   *oo AY͡_EE-shoo.*

407. Battery.   A bateria.   *uh buh-tę-REE-uh.*

408. Bolt.
O parafuso com porca.
oo puh-ruh-FOO-zoo kohn PAWR-kuh.

PARTS OF THE CAR

409. Brakes. Os freios. *oosh FRAY͡-EE-oosh.*

410. [Foot] [hand] [emergency] brake.
O freio de [pé] [mão] [emergência].
oo FRAY͡-EE-oo dę [peh] [mah͡-oon] [ee-męr-ZHAY͞N-see-uh].

411. Bumper.
O pára-choques. *oo PAH-ruh-SHAW-kęsh.*

412. Carburetor.
O carburador. *oo kuhr-boo-ruh-DOHR.*

413. Chassis. O chassí. *oo shuh-SEE.*

414. Choke (automatic).
O estrangulador do ar (automático).
oo ęsh-truhn-goo-luh-DOHR doo ahr (ah͡-oo-too-MAH-tee-koo).

415. Clutch. A embreagem. *uh ayn͡-brę-AH-zhayn.*

416. Cylinder. O cilindro. *oo see-L͞EEN-droo.*

417. Differential.
O diferencial. *oo dee-fę-rayn-see-AHL.*

418. Directional signal.
O indicador de direcção (OR: pisca-pisca).
oo een-dee-kuh-DOHR dę dee-reh-SAH͡-OON (OR: PEESH-kuh-PEESH-kuh).

419. Door. A porta. *uh PAWR-tuh.*

420. Electrical system.
A instalação eléctrica.
uh eensh-tuh-luh-SAH͡-OON ee-LEH-tree-kuh.

421. Engine (OR: Motor). O motor. *oo moo-TOHR.*

422. Exhaust pipe.
O tubo de escape. *oo TOO-boo dę ęsh-KAH-pę.*

423. Exterior. O exterior. *oo ęsh-tę-ree-OHR.*

424. Fan.
A ventoinha (OR: O ventilador).
uh vayn-too-EE-nyuh (OR: oo vayn͡-tee-luh-DOHR).

PARTS OF THE CAR

425. Fan belt.
A correia da ventoinha.
uh koo-RRAY͡EE-uh duh vayn-too-EE-nyuh.

426. Fender.
O guarda-lama. *oo GWAHR-duh-LUH-muh.*

427. Flashlight.
A lanterna eléctrica.
uh luhn-TEHR-nuh ee-LEH-tree-kuh.

428. Fuel pump.
A bomba da gasolina. *uh BŌHN-buh duh guh-zoo-LEE-nuh.*

429. Fuse. O fusível. *oo foo-ZEE-vehl.*

430. Gear shift.
A mudança de velocidade.
uh moo-DŪHN-suh dę vę-loo-see-DAH-dę.

431. (In) first gear.
Em primeira. *ayn pree-MAY͡EE-ruh.*

432. (In) second gear.
Em segunda. *ayn sę-GŌON-duh.*

433. (In) third gear.
Em terceira. *ayn tęr-SAY͡EE-ruh.*

434. (In) fourth gear.
Em quarta. *ayn KWAHR-tuh.*

435. Reverse gear.
A marcha atrás. *uh MAHR-shuh uh-TRAHSH.*

436. Neutral gear.
O ponto morto. *oo PŌHN-too MOHR-too.*

437. Grease.
A massa consistente. *uh MAH-suh kōhn-seesh-TAYN-tę.*

438. Generator. O dínamo. *oo DEE-nuh-moo.*

439. Hammer. O martelo. *oo muhr-TEH-loo.*

PARTS OF THE CAR

440. Heater. O aquecedor. *oo uh-kẹ-sẹ-DOHR.*

441. Hood.
A capota do motor. *uh kuh-PAW-tuh doo moo-TOHR.*

442. Horn. A buzina. *uh boo-ZEE-nuh.*

443. Horsepower.
Cavalo vapor. *kuh-VAH-loo vuh-POHR.*

444. Ignition key.
A chave de ignição. *uh SHAH-vẹ dẹ eeg-nee-SÃ͡OON.*

445. Inner tube.
A câmara de ar. *uh KUH-muh-ruh dahr.*

446. Instrument panel.
O painel dos instrumentos.
oo pah‿ee-NEHL dooz eensh-troo-MÃYN-toosh.

447. Jack. O macaco. *oo muh-KAH-koo.*

448. License plate.
A placa de inscrição.
uh PLAH-kuh dẹ eensh-kree-SÃ͡OON.

449. Light. A luz. *uh loosh.*

450. Headlight. O farol. *oo fuh-RAWL.*

451. Parking light.
A luz de estacionamento.
uh loozh dẹ ẹsh-tuh-see-oo-nuh-MÃYN-too.

452. Brake light.
A luz do freio. *uh loozh doo FRAY‿EE-oo.*

453. Taillight.
A luz da retaguarda.
uh loozh duh rẹ-tuh-GWAHR-duh.

454. Rear-view mirror.
O espelho retro-visor.
oo ẹsh-PAY-lyoo REH-troh-vee-ZOHR.

PARTS OF THE CAR

455. Side-view mirror.
O espelho retro-visor exterior.
oo ęsh-PAY-lyoo REH-troh-vee-ZOHR ęsh-tę-ree-OHR.

456. Muffler.
O silencioso. *oo see-layn-see-OH-zoo.*

457. Nut.
A porca. *uh PAWR-kuh.*

458. Oil.
O óleo. *oo AW-lee-oo.*

459. Pedal.
O pedal. *oo pę-DAHL.*

460. Pliers.
O alicate. *oo uh-lee-KAH-tę.*

461. Radiator.
O radiador. *oo ruh-dee-a-DOHR.*

462. Radio.
O rádio. *oo RAH-dee-oo.*

463. Rags.
Os trapos. *oosh TRAH-poosh.*

464. Rope.
A corda. *uh KAWR-duh.*

465. Screw.
O parafuso. *oo puh-ruh-FOO-zoo.*

466. Screwdriver.
A chave de parafusos.
uh SHAH-vę dę puh-ruh-FOO-zoosh.

467. Shock absorbers.
Os amortecedores. *ooz uh-moor-tę-sę-DOH-ręsh.*

468. Snow tires.
Os pneus para neve. *oosh pnay‿oosh PUH-ruh NEH-vę.*

469. Spark plugs.
As velas. *uhzh VEH-luhsh.*

470. Speedometer.
O velocímetro. *oo vę-loh-SEE-mę-troo.*

471. Spring.
A mola. *uh MAW-luh.*

472. Starter.
O motor de arranque. *oo moo-TOHR dę uh-RRUHN-kę.*

473. Steering wheel.
O volante. *oo voo-LUHN-tę.*

474. Tank.
O depósito da gasolina.
oo dę-PAW-zee-too duh guh-zoo-LEE-nuh.

PARTS OF THE CAR

475. Tire. O pneu.   *oo pnay͜oo.*

476. Spare tire.
O pneu sobresselente.   *oo pnay͜oo soo-brẹ-sẹ-LAYN-tẹ.*

477. Tubeless tire.
O pneu sem câmara de ar.
oo pnay͜oo sayn KUH-muh-ruh dahr.

478. Tire pump.
A bomba dos pneus.   *uh BOHN-buh doosh pnay͜oosh.*

479. Tools.
As ferramentas.   *uhsh fẹ-rruh-MAYN-tuhsh.*

480. Automatic transmission.
A transmissão automática.
uh truhnzh-mee-SAH͜OON ah͜oo-too-MAH-tee-kuh.

481. Standard (manual) transmission.
A transmissão convencional.
uh truhnzh-mee-SAH͜OON kohn-vayn-see-oo-NAHL.

482. Trunk.
O porta-bagagem.   *oo POHR-tuh-buh-GAH-zhayn.*

483. Valve. A válvula.   *uh VAHL-voo-luh.*

484. Water-cooling system.
O sistema de arrefecimento.
oo seesh-TAY-muh dẹ uh-rrẹ-fẹ-see-MAYN-too.

485. Front wheel.
A roda da frente.   *uh RAW-duh duh FRAYN-tẹ.*

486. Rear wheel.
A roda de trás.   *uh RAW-duh dẹ trahsh.*

487. Windshield wiper.
O limpa pára-brisas.   *oo LEEN-puh PAH-ruh-BREE-zuhsh.*

488. Wrench.
A chave inglesa.   *uh SHAH-vẹ een-GLAY-zuh.*

MAIL

489. Where is [the post office]?
Onde é [o correio]?　$\overline{OHN}$-dę eh [oo koo-RRAY‿EE-oo]?

490. —a mail box.
—a caixa do correio.
—uh KAH‿EE-shuh doo koo-RRAY‿EE-oo.

491. To which window should I go?
A que janela [OR: guichê] devo ir?
uh kę zhuh-NEH-luh [OR: gee-SHAY] DAY-voo eer?

492. I want to send this letter [by surface mail].
Queria mandar esta carta [por via normal].
keh-REE-uh $\overline{muhn}$-DAHR EHSH-tuh KAHR-tuh [poor VEE-uh nawr-MAHL].

493. —by airmail.
—por via aérea.
—poor VEE-uh uh-EH-ree-uh.

494. —by special delivery.
—por via expressa.
—poor VEE-uh ęsh-PREH-suh.

495. —by registered mail, reply requested.
—por correio registrado com aviso de recepção.
—poor koo-RRAY‿EE-oo rę-zheesh-TRAH-doo $\overline{kohn}$ uh-VEE-zoo dę rę-seh-$\overline{SAH\_OON}$.

496. —by parcel post.
—por encomenda postal.
—poor $\overline{ayn}$-koo-$\overline{MAYN}$-duh poosh-TAHL.

497. How much postage do I need [for this postcard]?
Qual é o porte de correio [para este postal]?
kwahl eh oo PAWR-tę dę koo-RRAY‿EE-oo [PUH-ruh AYSH-tę poosh-TAHL]?

498. The package contains [printed matter] [fragile material].

O pacote contém [impressos] [material frágil].

oo puh-KAW-tę kohn-TAYN [een-PREH-soosh] [muh-tę-ree-AHL FRAH-zheel].

499. I want to insure this for [800 escudos].

Quero segurar isto por [oitocentos escudos].

KEH-roo sę-goo-RAHR EESH-too poor [oy-too-SAYN-tooz ęsh-koo-doosh].

500. Will it go out [today]?

Vai ainda [hoje]? *vah‿ee uh-EEN-duh [OH-zhę]?*

501. Give me [six] [ten escudos and fifty centavos] stamps.

Dê-me [seis] selos de [dez escudos e cinquenta centavos].

DAY-mę [say‿eesh] SAY-loozh dę [dehz ęsh-koo-dooz ee seen-KWAYN-tuh sayn-TAH-voosh].

502. Where can I buy a money order?

Onde posso comprar um vale de correio?

OHN-dę PAW-soo kohn-PRAHR oon VAH-lę dę koo-RRAY‿EE-oo?

503. Please forward my mail to [Fátima].

Faz favor de mandar a minha correspondência para [Fátima].

fahsh fuh-VOHR dę muhn-DAHR uh MEE-nyuh koh-rręsh-pohn-DAYN-see-uh PUH-ruh [FAH-tee-muh].

504. The American Express office will hold my mail.

A American Express guardará a minha correspondência.

uh American Express gwuhr-duh-RAH uh MEE-nyuh koh-rręsh-pohn-DAYN-see-uh.

TELEGRAM

505. I would like to send [a telegram].
Desejo mandar [um telegrama].
dẹ-SAY-zhoo muhn-DAHR [oon tẹ-lẹ-GRUH-muh].

506. —a night letter.
—um telegrama-carta.
—oon tẹ-lẹ-GRUH-muh-KAHR-tuh.

507. —a cablegram.
—um cabograma.
—oon kuh-boo-GRUH-muh.

508. What is the rate per word?
Quanto é a tarifa por palavra?
KWUHN-too eh uh tuh-REE-fuh poor puh-LAH-vruh?

509. What is the minimum charge?
Quanto é o mínimo custo?
KWUHN-too eh oo MEE-nee-moo KOOSH-too?

510. When will an ordinary telegram reach [London]?
Quando chega um telegrama normal a [Londres]?
KWUHN-doo SHAY-guh oon tẹ-lẹ-GRUH-muh nawr-MAHL uh [LOHN-drẹsh]?

TELEPHONE

511. May I use the telephone?
Posso usar o telefone?
PAW-soo oo-ZAHR oo tẹ-lẹ-FAW-nẹ?

512. Will you dial this number for me?
Podia marcar-me este número?
poo-DEE-uh muhr-KAHR-mẹ AYSH-tẹ NOO-mẹ-roo?

513. Operator, get me this number.
Telefonista, dê-me este número.
tę-lę-foo-NEESH-tuh, DAY-mę AYSH-tę NOO-mę-roo.

514. Call me at this number.
Telefone-me para este número.
tę-lę-FAW-nę-mę PUH-ruh AYSH-tę NOO-mę-roo.

515. My telephone number is [28.62.99].
O número do meu telefone é [dois oito . . . seis dois . . . nove nove].
oo NOO-mę-roo doo may‿oo tę-lę-FAW-nę eh [doyz OY-too . . . say‿eezh doysh . . . NAW-vę NAW-vę].

516. How much is a long-distance call to [Berlin]?
Quanto custa uma chamada para [Berlim]?
KW$\overline{UHN}$-too KOOSH-tuh OO-muh shuh-MAH-duh PUH-ruh [behr-L$\overline{EEN}$]?

517. What is the charge for the first three minutes?
Quanto custam os primeiros três minutos?
KW$\overline{UHN}$-too KOOSH-tah‿oon oosh pree-MAY‿EE-roosh trayzh mee-NOO-toosh?

518. Please bill me at my home phone number.
É favor debitar o meu telefone.
eh fuh-VOHR dę-bee-TAHR oo may‿oo tę-lę-FAW-nę.

519. They do not answer.
Não respondem. nah‿oon ręsh-P$\overline{OHN}$-dayn.

520. The line is busy.
Está ocupado. ęsh-TAH oh-koo-PAH-doo.

521. Hello (on the telephone).
Está (OR: Alô). ęsh-TAH (OR: ah-LOH).

522. You have given me the wrong number.
Deu-me o número errado.
DAY‿OO-mę oo NOO-mę-roo ę-RRAH-doo.

TELEPHONE

523. This is [John] speaking.
Aqui fala [João].   *uh-KEE FAH-luh [zhoo-ah͡_oon]*.

524. With whom do you want to speak?
Com quem deseja falar?
kohn kayn dę-ZAY-zhuh fuh-LAHR?

525. Hold the line.
Espere um momento.   *ęsh-PEH-rę oon moo-MAYN-too.*

526. Dial again.
Marque outra vez.   *MAHR-kę OH-truh vaysh.*

527. I cannot hear you.
Não o posso ouvir.   *nah͡_oon oo PAW-soo oh-VEER.*

528. The connection is poor.
A ligação é má.   *uh lee-guh-SAH͡_OON eh mah.*

529. Speak louder.
Fale mais alto.   *FAH-lę mah͡_eez AHL-too.*

530. Call her to the phone.
Chame-a ao telefone.   *SHUH-mę-uh ah͡_oo tę-lę-FAW-nę.*

531. He is not here.
Ele não está aqui.   *AY-lę nah͡_oon ęsh-TAH uh-KEE.*

532. May I leave a message?
Posso deixar um recado?
PAW-soo day͡_ee-SHAR oon rę-KAH-doo?

533. Call me as soon as possible.
Chame-me logo que possa.
SHUH-mę-mę LAW-goo kę PAW-suh.

534. I will call later.
Chamo mais tarde.   *SHUH-moo mah͡_eesh TAHR-dę.*

535. I will wait for your call until [six] o'clock.
Espero pela sua chamada até [seis] horas.
ęsh-PEH-roo PEH-luh SOO-uh shuh-MAH-duh uh-TEH [say͡_eez] AW-ruhsh.

HOTEL

536. I am looking for [a good hotel].
Procuro [um bom hotel].
proo-KOO-roo [oon bohn oh-TEHL].

537. —the best hotel.
—o melhor hotel.
—*oo mę-LYOHR oh-TEHL*.

538. —an inexpensive hotel.
—um hotel não muito caro.
—*oon oh-TEHL nah‿oon MOO‿EEN-too KAH-roo*.

539. —a boarding house (OR: pension).
—uma pensão.
—*OO-muh payn-SAH‿OON*.

540. —an inn (government-owned).
—uma pousada.
—*OO-muh poh-ZAH-duh*.

541. —an inn (privately owned).
—uma estalagem.
—*OO-muh ęsh-tuh-LAH-zhayn*.

542. I want to be in the center of town.
Quero ficar no centro da cidade.
KFH-roo fee-KAHR noo SAYN-troo duh see-DAH-dę.

543. I want a quiet location.
Quero um lugar sossegado.
KEH-roo oon loo-GAHR soh-sę-GAH-doo.

544. I prefer to be close to the university.
Prefiro ficar perto da universidade.
prę-FEE-roo fee-KAHR PEHR-too duh oo-nee-vęr-see-DAH-dę.

545. I have a reservation for tonight.
Tenho uma reserva para esta noite.
TAY-nyoo OO-muh rę-ZEHR-vuh PUH-ruh EHSH-tuh NOY-tę.

HOTEL

546. Where does one register?
Onde se regista? $\overline{OHN}$-dę sę rę-$\overline{ZHEESH}$-truh?

547. Fill out this registration form.
Encha este impresso (OR: boletim).
$\overline{AYN}$-shuh $\overline{AYSH}$-tę een-PREH-soo (OR: boo-lę-$\overline{TEEN}$).

548. Sign here, please.
Faça favor de assinar aqui.
FAH-suh fuh-VOHR dę uh-see-NAHR uh-KEE.

549. Leave your passport.
Deixe o seu passaporte.
DAY͜_EE-shę oo say͜_oo pah-suh-PAWR-tę.

550. You may pick it up later.
Pode vir buscá-lo mais tarde.
PAW-dę veer boosh-KAH-loo mah͜_eesh TAHR-dę.

551. Do you have [a single room] [a double room]?
Tem [um quarto para pessoa só] [um quarto para duas pessoas]?
tayn [$\overline{oon}$ KWAHR-too PUH-ruh pę-SOH-uh saw] [$\overline{oon}$ KWAHR-too PUH-ruh DOO-uhsh pę-SOH-uhsh]?

552. —an air-conditioned room.
—um quarto com ar condicionado.
—$\overline{oon}$ KWAHR-too $\overline{kohn}$ ahr $\overline{kohn}$-dee-see-oo-NAH-doo.

553. —a suite.
—um apartamento.
—$\overline{oon}$ uh-puhr-tuh-$\overline{MAYN}$-too.

554. —a quiet room.
—um quarto sossegado.
—$\overline{oon}$ KWAHR-too soh-se-GAH-doo.

555. —an inside room.
—um quarto interior.
—$\overline{oon}$ KWAHR-too $\overline{een}$-tę-ree-OHR.

HOTEL

556. —an outside room.
—um quarto exterior.
—oon KWAHR-too ęsh-tę-ree-OHR.

557. —a room with a pretty view.
—um quarto com boa vista.
—oon KWAHR-too kohn BOH-uh VEESH-tuh.

558. I want a room with [a double bed] [twin beds].
Quero um quarto com [uma cama de casal] [duas camas].
KEH-roo oon KWAHR-too kohn [OO-muh KUH-muh dę kuh-ZAHL] [DOO-uhsh KUH-muhsh].

559. —with a bath.
—com banho.
—kohn BUH-nyoo.

560. —with a shower.
—com chuveiro.
—kohn shoo-VAY‿EE-roo.

561. —with running water.
—com água corrente.
kohn AH-gwuh koo-RRAYN-tę.

562. —with hot water.
—com água quente.
—kohn AH-gwuh KAYN-tę.

563. —with a balcony.
—com uma varanda.
—kohn OO-muh vuh-RUHN-duh.

564. —with television.
—com televisão.
—kohn tę-lę-vee-ZAH‿OON.

HOTEL

565. I shall take a room for [one night] [several days].
Tomarei um quarto por [uma noite] [uns dias].
too-muh-RAY͜_EE oon KWAHR-too poor [OO-muh NOY-tę] [oonzh DEE-uhsh].

566. —a week or so.
—cerca duma semana.
—SAYR-kuh DOO-muh sę-MUH-nuh.

567. Can I have it [with] [without] meals?
Posso tê-lo [com] [sem] refeições?
PAW-soo TAY-loo [kohn] [sayn] rę-fay͜_ee-SOYNSH?

568. —with breakfast only.
—só com pequeno almoço.
—saw kohn pę-KAY-noo ahl-MOH-soo.

569. What is the rate per [night] [week] [month]?
Quanto custa por [noite] [semana] [mês]?
KWUHN-too KOOSH-tuh poor [NOY-tę] [sę-MUH-nuh] [maysh]?

570. Are tax and service included?
Estão incluidos os impostos e o serviço?
ęsh-TAH͜_OON een-kloo-EE-dooz ooz een-PAWSH-tooz ee oo sęr-VEE-soo?

571. I should like to see the room.
Gostaria de ver o quarto.
goosh-tuh-REE-uh dę vayr oo KWAHR-too.

572. Have you something [better]?
Tem alguma coisa [melhor]?
tayn ahl-GOO-muh KOY-zuh [mę-LYOHR]?

573. —cheaper.
—mais barato.
—mah͜_eezh buh-RAH-too.

HOTEL

574. —larger.
—maior.
—*mah-YOHR.*

575. —smaller.
—mais pequeno.
—*mah‿eesh pę-KAY-noo.*

576. —on a [lower] [higher] floor.
—num andar [mais baixo] [mais alto].
—*noon uhn-DAHR [mah‿eezh BAH‿EE-shoo] [mah‿eez AHL-too].*

577. —with more light.
—com mais luz.
—*kohn mah‿eezh loosh.*

578. —with more air.
—com mais ar.
—*kohn mah‿eez ahr.*

579. —more attractively furnished.
—melhor mobilado.
—*mę-LYOHR moo-bee-LAH-doo.*

580. —with a view of the sea.
—com vista para o mar.
—*kohn VEESH-tuh PUH-ruh oo mahr.*

581. It's too noisy.
É muito barulhento.
eh MOO‿EEN-too buh-roo-LYAYN-too.

582. This is satisfactory.
Este é satisfatório.
AYSH-tę eh suh-teesh-fuh-TAW-ree-oo.

583. Is there [an elevator]?
Há [elevador]?   *ah [ee-lę-vuh-DOHR]?*

584. Upstairs.   Em cima.   *ayn SEE-muh.*

HOTEL

585. Downstairs. Em baixo. *ayn BAH͜_EE-shoo.*

586. What is my room number?
Qual é o número do meu quarto?
kwahl eh oo NOO-mę-roo doo may͜_oo KWAHR-too?

587. Give me my room key.
Dê-me a chave do meu quarto.
DAY-mę uh SHAH-vę doo may͜_oo KWAHR-too.

588. Bring my luggage upstairs.
Traga a minha bagagem para cima.
TRAH-guh uh MEE-nyuh buh-GAH-zhayn PUH-ruh SEE-muh.

589. Tell the chambermaid to get my room ready.
Diga à criada que me arranje o quarto.
DEE-guh ah kree-AH-duh kę mę uh-RRUHN-zhę oo KWAHR-too.

590. Wake me [at eight in the morning].
Acorde-me [às oito da manhã].
uh-KAWR-dę-mę [ahz OY-too duh muh-nyuhn].

591. Do not disturb me until then.
Não me incomode antes disso.
nah͜_oon mę een-koo-MAW-dę UHN-tęzh DEE-soo.

592. I want [breakfast] in my room.
Quero [o pequeno almoço] no meu quarto.
KEH-roo [oo pę-KAY-noo ahl-MOH-soo] noo may͜_oo KWAHR-too.

593. Room service, please.
Dê-me o serviço de quarto, por favor.
DAY-mę oo sęr-VEE-soo dę KWAHR-too, poor fuh-VOHR.

594. Please bring me [some ice cubes].
Por favor traga-me [alguns cubos de gelo].
poor fuh-VOHR TRAH-guh-mę [ahl-GOONSH KOO-boozh dę ZHAY-loo].

595. Have you [a letter] [a message] [a parcel] for me?
Tem [uma carta] [um recado] [um pacote] para mim?
$\overline{tayn}$ [$\overline{OO}$-muh $\overline{KAHR}$-tuh] [$\overline{oon}$ rę-$\overline{KAH}$-doo] [$\overline{oon}$ puh-$\overline{KAW}$-tę] $\overline{PUH}$-ruh meen?

596. Send [a chambermaid].
Mande [uma criada de quarto].
$\overline{MUHN}$-dę [$\overline{OO}$-muh kree-AH-duh dę KWAHR-too].

597. —a valet.
—um criado de quarto.
—$\overline{oon}$ kree-AH-doo dę KWAHR-too.

598. —a bellhop.
—um mandarete (OR: um paquete).
—$\overline{oon}$ muhn-duh-RAY-tę (OR: $\overline{oon}$ puh-KAY-tę).

599. —a waiter.
—um criado.
—$\overline{oon}$ kree-AH-doo.

600. —a porter.
—um carregador.
—$\overline{oon}$ kuh-rrę-guh-DOHR.

601. —a messenger.
—um mensageiro.
—$\overline{oon}$ mayn-suh-ZHAY_EE-roo.

602. I am expecting [a friend] [a telephone call].
Espero [um amigo] [uma chamada telefónica].
ęsh-PEH-roo [$\overline{oon}$ uh-MEE-goo] [$\overline{OO}$-muh shuh-MAH-duh tę-lę-FAW-nee-kuh].

603. Has anyone called?
Alguem chamou?
ahl-$\overline{GAYN}$ shuh-MOH?

HOTEL

604. Send him up.
Mande-o subir.
MUHN-dẹ-oo soo-BEER.

605. I shall not be here for lunch.
Não estarei aqui para o almoço.
nah‿oon ẹsh-tuh-RAY‿EE uh-KEE PUH-ruh oo ahl-MOH-soo.

606. May I leave [these valuables] in the hotel safe?
Posso deixar [estes objectos de valor] no cofre do hotel?
PAW-soo day‿ee-SHAHR [AYSH-tẹz ohb-ZHEH-toozh dẹ vuh-LOHR] noo KAW-frẹ doo oh-TEHL?

607. I would like to get [my possessions] from the safe.
Gostaria de tirar [os meus valores] do cofre.
goosh-tuh-REE-uh dẹ tee-RAHR [oozh may‿oozh vuh-LOH-rẹzh] doo KAW-frẹ.

608. When must I check out?
Quando devo deixar o quarto?
KWUHN-doo DAY-voo day‿ee-SHAHR oo KWAHR-too?

609. I am leaving [at 10 o'clock].
Saio [as dez horas].
SAH-yoo [ahzh dehz AW-ruhsh].

610. Make out my bill [as soon as possible].
Dê-me a conta [assim que possa].
DAY-mẹ uh KOHN-tuh [uh-SEEN kẹ PAW-suh].

611. The cashier.
O caixa.   *oo KAH‿EE-suh.*

612. The doorman.
O porteiro.   *oo poor-TAY‿EE-roo.*

CHAMBERMAID

613. The door doesn't lock.
A porta não fecha.
uh PAWR-tuh nah͜_oon FAY-shuh.

614. The [toilet] is broken.
O [sanitário] está quebrado.
oo [suh-nee-TAH-ree-oo] ęsh-TAH kę-BRAH-doo.

615. The room is too [cold] [hot].
O quarto está muito [frio] [quente].
oo KWAHR-too ęsh-TAH MOO͜_EEN-too [FREE-oo] [KAYN-tę].

616. Is this drinking water?
É potável esta água?
eh poo-TAH-vehl EHSH-tuh AH-gwuh?

617. There is no hot water.
Não há água quente.
nah͜_oon ah AH-gwuh KAYN-tę.

618. Wash and iron [this shirt].
Lave e passe [esta camisa] a ferro.
LAH-vę ee PAH-sę [EHSH-tuh kuh-MEE-zuh] uh FEH-rroo.

619. Bring me [another blanket].
Traga-me [outro cobertor].
TRAH-guh-mę [OH-troo koo-bęr-TOHR].

620. Change the sheets.
Mude os lençóis.   *MOO-dę oozh layn-SOYSH.*

621. Make the bed.
Faça a cama.   *FAH-suh uh KUH-muh.*

622. A bathmat.
Uma esteira para o banho.
OO-muh ęsh-TAY͜_EE-ruh PUH-ruh oo BUH-nyoo.

623. A bed sheet.
Um lençol.　 $\overline{oon}$ *layn-SAWL.*

624. A candle.　Uma vela.　 *OO-muh VEH-luh.*

625. Some coathangers.
Alguns cabides.　 *ahl-GOONSH kuh-BEE-dẹsh.*

626. A pillow.
Uma almofada.　 *OO-muh ahl-moo-FAH-duh.*

627. A pillowcase.　Uma fronha.　 *OO-muh FROH-nyuh.*

628. An adaptor for electrical appliances.
Um adaptador para utensílios eléctricos.
$\overline{oon}$ *uh-duhp-tuh-DOHR PUH-ruh oo-tayn-SEE-lee-ooz ee-LEH-tree-koosh.*

629. Some soap.
Algum sabão.　 *ahl-GOON suh-BAH͟_OON.*

630. Some toilet paper.
Algum papel higiénico.
ahl-GOON puh-PEHL ee-zhee-EH-nee-koo.

631. A towel.　Uma toalha.　 *OO-muh too-AH-lyuh.*

632. A wash basin.
Uma bacia de lavar.
OO-muh buh-SEE-uh dẹ luh-VAHR.

633. A washcloth.
Um paninho de lavar.　 $\overline{oon}$ *puh-NEE-nyoo dẹ luh-VAHR.*

RENTING AN APARTMENT

634. I want to rent [a furnished] [an unfurnished] apartment.
Quero alugar um apartamento [mobilado] [sem mobília].
KEH-roo uh-loo-GAHR $\overline{oon}$ uh-puhr-tuh-MAYN-too [moo-bee-LAH-doo] [sayn moo-BEE-lee-uh].

635. With a bathroom.
Com quarto de banho.
kohn KWAHR-too dę BUH-nyoo.

636. With two bedrooms.
Com dois quartos de cama.
kohn doysh KWAHR-toozh dę KUH-muh.

637. With a living room.
Com sala de estar. *kohn SAH-luh dę ęsh-TAHR.*

638. With a dining room.
Com sala de jantar.
kohn SAH-luh dę zhuhn-TAHR.

639. With a kitchen. Com cozinha. *kohn koo-ZEE-nyuh.*

640. Do you furnish [the linen] [the dishes (OR: china)]?
Fornece [a roupa de cama e toalhas] [os pratos (OR: a louça)]?
fohr-NEH-sę [uh ROH-puh dę KUH-muh ee too-AH-lyuhsh] [oosh PRAH-toosh (OR: uh LOH-suh)]?

641. Must we sign a lease?
Devemos assinar um arrendamento?
dę-VAY-mooz uh-see-NAHR oon uh-rrayn-duh-MAYN-too?

APARTMENT: USEFUL WORDS

642. Alarm clock.
O despertador. *oo dęsh-pęr-tuh-DOHR.*

643. Ashtray.
O cinzeiro. *oo seen-ZAY͡EE-roo.*

644. Bathtub.
A banheira. *uh buh-NYAY͡EE-ruh.*

645. Bottle opener.
O abridor de garrafas.
oo uh-bree-DOHR dę guh-RRAH-fuhsh.

APARTMENT: USEFUL WORDS

646. Broom. A vassoura. *uh vuh-SOH-ruh.*

647. Can opener.
O abridor de latas. *oo uh-bree-DOHR dę LAH-tuhsh.*

648. Chair. A cadeira. *uh kuh-DAY͜_EE-ruh.*

649. Chest of drawers.
A cómoda. *uh KAW-moo-duh.*

650. Clock. O relógio. *oo rę-LAW-zhee-oo.*

651. Closet. O armário. *oo ahr-MAH-ree-oo.*

652. Cook.
[O cozinheiro (M.)] [A cozinheira (F.)].
[*oo koo-zee-NYAY͜_EE-roo*] [*uh koo-zee-NYAY͜_EE-ruh*].

653. Cork (OR: **Stopper**).
A rolha. *uh ROH-lyuh.*

654. Corkscrew.
O saca-rolhas. *oo SAH-kuh-ROH-lyuhsh.*

655. Curtains (OR: **Drapes**).
As cortinas. *uhsh koor-TEE-nuhsh.*

656. Cushion. A almofada. *uh ahl-moo-FAH-duh.*

657. Dishwasher.
A máquina de lavar louça.
uh MAH-kee-nuh dę luh-VAHR LOH-suh.

658. Doorbell.
A campainha da porta.
uh kūhn-puh-EE-nyuh duh PAWR-tuh.

659. Dryer. O secador. *oo sę-kuh-DOHR.*

660. Fan. A ventoinha. *uh vayn-too-EE-nyuh.*

661. Floor.
O chão (OR: O sobrado).
oo shah͜_oon (OR: *oo soo-BRAH-doo*).

APARTMENT: USEFUL WORDS

662. Hassock.
O tamborete (OR: A almofada para os pés).
oo tuhn-boo-RAY-tę (OR: *uh ahl-moo-FAH-duh PUH-ruh oosh pehsh*).

663. Lamp. O candieiro. *oo kuhn-dee-AY͜_EE-roo.*

664. Light bulb. A lâmpada. *uh LUHN-puh-duh.*

665. Mosquito net.
A rede de mosquitos (OR: O mosquiteiro).
uh RAY-dę dę moosh-KEE-toosh (OR: *oo moosh-kee-TAY͜_EE-roo*).

666. Pail. O balde. *oo BAHL-dę.*

667. Rug. O tapete. *oo tuh-PAY-tę.*

668. Shower.
O chuveiro (OR: A duche).
oo shoo-VAY͜_EE-roo (OR: *uh DOO-shę*).

669. Sink. O lava-louças. *oo LAH-vuh-LOH-suhsh.*

670. Switch. O interruptor. *oo een-tę-rroop-TOHR.*

671. Table. A mesa. *uh MAY-zuh.*

672. Tablecloth.
A toalha de mesa. *uh too-AH-lyuh dę MAY-zuh.*

673. Terrace. O terraço. *oo tę-RRAH-soo.*

674. Tray. A bandeja. *uh buhn-DAY-zhuh.*

675. Vase. O vaso. *oo VAH-zoo.*

676. Venetian blinds.
As venezianas (OR: As persianas).
uhzh vę-nę-zee-AH-nuhsh (OR: *uhsh pęr-zee-AH-nuhsh*).

677. Washing machine.
A máquina de lavar roupa.
uh MAH-kee-nuh dę luh-VAHR ROH-puh.

678. Whiskbroom.
A escova pequena. *uh ęsh-KOH-vuh pę-KAY-nuh.*

679. Window shades.
Os estores. *ooz ęsh-TAW-ręsh.*

CAFÉ AND BAR

680. Bartender, I'd like to drink [a cocktail].
Senhor, gostaria de beber [um coquetel].
sę-NYOHR, goosh-tuh-REE-uh dę bę-BAYR [oon kaw-kę-TEHL].

681. —a bottle of mineral water [without gas].
—uma garrafa d'água mineral [sem gás].
—OO-muh guh-RRAH-fuh DAH-gwuh mee-nę-RAHL [sayn gahsh].

682. —a whiskey [and soda].
—um uísque [com soda].
—oon WEESH-kę [kohn SAW-duh].

683. —a cognac.
—um conhaque.
—oon kaw-NYAH-kę.

684. —a brandy.
—um brandi.
—oon BRUHN-dee.

685. —a liquer.
—um licor.
—oon lee-KOHR.

686. —a gin [and tonic].
—uma genebra (OR: gin) [com água-tónica].
—OO-muh zhę-NEH-bruh (OR: zheen) [kohn AH-gwuh-TAW-nee-kuh].

CAFÉ AND BAR

687. —a rum.
—um rum.
—*oon roon.*

688. —a Scotch whiskey.
—um uísque escocês.
—*oon WEESH-kẹ ẹsh-koo-SAYSH.*

689. —a rye whiskey.
—um uísque americano.
—*oon WEESH-kẹ uh-mẹr-ee-KUH-noo.*

690. —a bourbon whiskey.
—um uísque bourbon.
—*oon WEESH-kẹ boor-BOHN.*

691. —a vodka.
—uma vodca.
—*OO-muh VAWD-kuh.*

692. —a lemonade.
—uma limonada.
—*OO-muh lee-moo-NAH-duh.*

693. —a non-alcoholic drink.
—uma bebida sem álcool.
—*OO-muh bẹ-BEE-duh sayn AHL-kawl.*

694. —a bottled fruit drink.
—uma garrafa de sumo de fruta.
—*OO-muh guh-RRAH-fuh dẹ SOO-moo dẹ FROO-tuh.*

695. —a [light] [draft] [dark] beer.
—uma cerveja [leve] [de pressão] [preta].
—*OO-muh sẹr-VAY-zhuh [LEH-vẹ] [dẹ prẹ-SAH͟_OON] [PRAY-tuh].*

696. —champagne.
—champanhe.
—*shuhn-PUH-nyẹ.*

697. —a glass of port.
—um copo de vinho do Porto.
—*oon KAW-poo dę VEE-nyoo doo POHR-too.*

698. —red wine.
—vinho tinto.
—*VEE-nyoo teen-too.*

699. —white wine.
—vinho branco.
—*VEE-nyoo BRUHN-koo.*

700. —rosé wine.
—vinho rosé.
—*VEE-nyoo roh-ZAY.*

701. Let's have another.
Vamos beber outro.   *VUH-moozh bę-BAYR OH-troo.*

702. To your health!
À sua saúde!   *ah SOO-uh suh-OO-dę!*

RESTAURANT

703. Can you recommend a typical restaurant [for dinner]?
Pode recomendar um restaurante típico [para jantar]?
PAW-dę rę-koo-mayn-DAHR oon ręsh-tah‿oo-RUHN-tę TEE-pee-koo [PUH-ruh zhuhn-TAHR]?

704. —for breakfast.
—para o primeiro almoço.
—*PUH-ruh oo pree-MAY‿EE-roo ahl-MOH-soo.*

705. —for lunch.
—para almoço.
—*PUH-ruh ahl-MOH-soo.*

706. —for a sandwich.
—para uma sande.
—*PUH-ruh OO-muh SŪHN-dę.*

707. Do you serve [lunch]?
Servem [almoço]? *SEHR-vayn [ahl-MOH-soo]?*

708. At what time is [supper] served?
A que horas servem [jantar]?
uh kę AW-ruhsh SEHR-vayn [zhuhn-TAHR]?

709. There are [three] of us.
Somos [três]. *SOH-moosh [traysh].*

710. Are you my [waiter] [waitress]?
É [o senhor] [a senhora] que me serve?
eh [oo sę-NYOHR] [uh sę-NYOH-ruh] kę mę SEHR-vę?

711. I prefer a table [by the window].
Prefiro uma mesa [junto da janela].
prę-FEE-roo OO-muh MAY-zuh [ZHOON-too duh zhuh-NEH-luh].

712. —in the corner.
—no canto.
—*noh KŪHN-too.*

713. —outdoors.
—lá fora.
—*lah FAW-ruh.*

714. —indoors.
—dentro.
—*DAYN-troo.*

715. I'd like to wash my hands.
Desejo lavar as mãos.
dę-SAY-zhoo luh-VAHR uhzh mah͜oonsh.

716. We want to dine à la carte.
Queremos jantar à la carte.
kę-RAY-moozh zhuhn-TAHR ah lah KAHR-tę.

717. We want to dine table d'hôte.
Queremos o jantar da casa.
kę-RAY-mooz oo zhuhn-TAHR duh KAH-zuh.

718. We want to eat lightly.
Queremos comer qualquer coisa leve.
kę-RAY-moosh koo-MAYR kwahl-KEHR KOY-zuh LEH-vę.

719. What is the specialty of the house?
Qual é a especialidade da casa?
kwahl eh uh ęsh-pę-see-uh-lee-DAH-dę duh KAH-zuh?

720. What is today's special?
O que é o prato do dia?
oo kę eh oo PRAH-too do DEE-uh?

721. What kind of [fish] do you have?
Que [peixe] tem?   *kę [PAY͜_EE-shę] tayn?*

722. Please serve us as quickly as you can.
É favor servir-nos o mais depressa que puder.
eh fuh-VOHR sęr-VEER-nooz oo mah͜_eesh dę-PREH-suh kę poo-DAYR.

723. Call the wine steward.
Chame o mordomo do vinho.
SHUH-mę oo mawr-DOH-moo doo VEE-nyoo.

724. Bring me [the menu].
Traga-me [a ementa].   *TRAH-guh-mę [uh ee-MAYN-tuh].*

725. —the wine list.
—a lista dos vinhos.
—uh LEESH-tuh doozh VEE-nyoosh.

726. —**water [with] [without] ice.**
—água [com] [sem] gelo.
—*AH-gwuh [kohn] [sayn] ZHAY-loo.*

727. —**a napkin.**
— um guardanapo.
—*oon gwuhr-duh-NAH-poo.*

728. —**bread.**
—pão.
—*pah‿oon.*

729. —**butter.**
—manteiga.
—*muhn-TAY‿EE-guh.*

730. —**a cup.**
—uma chávena (OR: xícara).
—*OO-muh SHAH-vẹ-nuh (OR: SHEE-kŭh-ruh).*

731. —**a fork.**
—um garfo.
—*oon GAHR-foo.*

732. —**a glass.**
—um copo.
—*oon KAW-poo.*

733. —**a [sharp] knife.**
—uma faca [afiada].
—*OO-muh FAH-kuh [uh-fee-AH-duh].*

734. —**a plate.**
—um prato.
—*oon PRAH-too.*

735. —**a [large] [soup] spoon.**
—uma colher [grande] [de sopa].
—*OO-muh koo-LYEHR [GRUHN-dẹ] [dẹ SOH-puh].*

RESTAURANT

736. —a saucer.
—um pires.
—*oon PEE-resh.*

737. —a teaspoon.
—uma colher de chá.
—*OO-muh koo-LYEHR de shah.*

738. I want something [plain].
Quero qualquer coisa [simples].
KEH-roo kwahl-KEHR KOY-zuh [SEEN-plesh].

739. —without meat.
—sem carne.
—*sayn KAHR-ne.*

740. Is it [fatty (OR: greasy)]?
É [gorduroso]? *eh [gohr-doo-ROH-zoo]?*

741. —fresh.
—fresco.
—*FRAYSH-koo.*

742. —frozen.
—congelado.
—*kohn-zhe-LAH-doo.*

743. —lean.
—magro.
—*MAH-groo.*

744. —peppery.
—apimentado.
—*uh-pee-mayn-TAH-doo.*

745. —very salty.
—muito salgado.
—*MOO͜EEN-too sahl-GAH-doo.*

746. —spicy.
—muito condimentado.
—*MOO͜ EEN-too kohn-dee-mayn-TAH-doo.*

747. —[very] sweet.
—[muito] doce.
—*[MOO͜ EEN-too] DOH-sę.*

748. How is it prepared?
Como é preparado? *KAW-moo eh prę-puh-RAH-doo?*

749. Is it [baked]?
É [cozido no forno]? *eh [koo-ZEE-doo noo FOHR-noo]?*

750. —boiled.
—cozido.
—*koo-ZEE-doo.*

751. —breaded.
—panado.
—*puh-NAH-doo.*

752. —chopped.
—picado.
—*pee-KAH-doo.*

753. —fried.
—frito.
—*FREE-too.*

754. —grilled.
—grelhado.
—*grę-LYAH-doo.*

755. —ground.
—moído.
—*moo-EE-doo.*

756. —roasted.
—assado.
—*uh-SAH-doo.*

757. —sautéed.
—salteado.
—*sahl-tę-AH-doo.*

758. —on a skewer.
—no espeto.
—*noo ęsh-PAY-too.*

759. This is [stale].
Isto é [velho].   *EESH-too eh [VEH-lyoo].*

760. —too tough.
—muito duro.
—*MOO͜_EEN-too DOO-roo.*

761. —too dry.
—muito seco.
—*MOO͜_EEN-too SAY-koo.*

762. I like the meat [rare] [medium] [well done].
Gosto da carne [mal] [meio] [bem] passada.
GAWSH-too duh KAHR-nę [mahl] [MAY͜_EE-oo] [bayn] puh-SAH-duh.

763. The dish is [undercooked].
O prato está [mal cozido].
oo PRAH-too ęsh-TAH [mahl koo-ZEE-doo].

764. —burned.
—queimado.
—*kay͜_ee-MAH-doo.*

765. A little more.
Um pouco mais.   *oon POH-koo mah͜_eesh.*

766. A little less.
Um pouco menos.   *oon POH-koo MAY-noosh.*

767. Something else.
Qualquer outra coisa.   *kwahl-KEHR OH-truh KOY-zuh.*

RESTAURANT

768. A small portion.
Uma porção pequena.
OO-muh poor-SAH͡_OON pę-KAY-nuh.

769. The next course.
O prato a seguir.   oo PRAH-too uh sę-GEER.

770. I have enough.
Tenho bastante (OR: Chega).
TAY-nyoo buhsh-TUHN-tę (OR: SHAY-guh).

771. This is not clean.
Isto não está limpo.
EESH-too nah͡_oon ęsh-TAH LEEN-poo.

772. This is too cold.
Isto está muito frio.
EESH-too ęsh-TAH MOO͡_EEN-too FREE-oo.

773. I did not order this.
Não mandei vir isto.
nah͡_oon MUHN-day͡_ee veer EESH-too.

774. You may take this away.
Pode levar isto.   PAW-dę lę-VAHR EESH-too.

775. May I change this for [a salad]?
Posso trocar isto por [uma salada]?
PAW-soo troo-KAHR EESH-too poor [OO-muh suh-LAH-duh]?

776. What flavors do you have?
Que sabores tem?   kę suh-BOH-ręsh tayn?

777. The check, please.
A conta, por favor.   uh KOHN-tuh, poor fuh-VOHR.

778. Pay at the cashier's desk.
Pague na caixa.   PAH-gę nuh KAH͡_EE-shuh.

779. Is the tip included?
A gorgeta está incluida?
uh goor-ZHAY-tuh ęsh-TAH een-kloo-EE-duh?

780. There is a mistake in the bill.
Há um erro na conta.   *ah oon AY-rroo nuh KOHN-tuh.*

781. What are these charges for?
De que são estas verbas?
dę kę sah͡_oon EHSH-tuhzh VEHR-buhsh?

782. The food and service were excellent.
A comida e o serviço foram excelentes.
uh koo-MEE-duh ee oo sęr-VEE-soo FOH-rah͡_oon ęsh-sę-LAYN-tęsh.

783. Hearty appetite!
Bom apetite!   *bohn uh-pę-TEE-tę!*

FOOD SEASONINGS

784. Condiments.
Os condimentos.   *oosh kohn-dee-MAYN-toosh.*

785. Catsup.
O molho de tomate.   *oo MOH-lyoo dę too-MAH-tę.*

786. Garlic. O alho.   *oo AH-lyoo.*

787. Mayonnaise. A maionese.   *uh mah-yoh-NEH-zę.*

788. [Hot] [mild] mustard.
A mustarda [inglesa] [pouco picante].
uh moosh-TAHR-duh [een-GLAY-zuh] [POH-koo pee-KUHN-tę].

789. Oil (OR: **Olive oil**).
O óleo (OR: O azeite).
oo AW-lee-oo (OR: *oo uh-ZAY͡_EE-tę*).

790. Pepper. A pimenta. *uh pee-MAYN-tuh.*

791. Salt. O sal. *oo sahl.*

792. Sauce. O molho. *oo MOH-lyoo.*

793. Sugar. O açúcar. *oo uh-SOO-kuhr.*

794. Vinegar. O vinagre. *oo vee-NAH-grę.*

BEVERAGES AND BREAKFAST FOODS

795. Coffee (black). O café. *oo kuh-FEH.*

796. Tea [with lemon].
O chá [com limão]. *oo shah [kohn lee-mah‿oon].*

797. —with milk.
—com leite.
—*kohn LAY‿EE-tę.*

798. —with cream.
—com creme.
—*kohn KREH-mę.*

799. —with sugar.
—com açúcar.
—*kohn uh-SOO-kuhr.*

800. —with an artificial sweetener.
—com sacarina.
—*kohn suh-kuh-REE-nuh.*

801. Iced [tea] [coffee].
O [chá] [café] gelado. *oo [shah] [kuh-FEH] zhę-LAH-doo.*

802. Hot chocolate.
O chocolate quente. *oo shoh-koo-LAH-tę KAYN-tę.*

BEVERAGES AND BREAKFAST FOODS 73

803. [Fruit] [Grapefruit] [Orange] [Tomato] juice.
O sumo de [fruta] [toronja] [laranja] [tomate].
oo SOO-moo dę [FROO-tuh] [too-ROHN-zhuh] [luh-RUHN-zhuh] [too-MAH-tę].

804. [Dark] [White] bread.
O pão [escuro] [branco].
oo pah͡_oon [ęsh-KOO-roo] [BRUHN-koo].

805. Danish pastry.
Os pastéis. *oosh puhsh-TAY͡_EESH.*

806. Rolls. Os pãozinhos. *oosh pah͡_oon-ZEE-nyoosh.*

807. Toast. A torrada. *uh too-RAH-duh.*

808. Jam (OR: **Marmalade**).*
A geléia. *uh zhę-LAY͡_EE-uh.*

809. Cereal (dry).
Os flocos de cereal. *oosh FLAW-koozh dę sę-rę-AHL.*

810. Cereal (cooked).
A papa de cereal. *uh PAH-puh dę sę-rę-AHL.*

811. Pancakes. As panquecas. *uhsh puhn-KEH-kuhsh.*

812. Bacon [and eggs].
O toucinho [com ovos]. *oo toh-SEE-nyoo [kohn AW-voosh].*

813. Cooked ham. O fiambre. *oo fee-UHN-brę.*

814. Cured ham. O presunto. *oo prę-ZOON-too.*

815. [Soft-boiled] [hard-boiled] [fried] [poached] [scrambled] eggs.
Os ovos [quentes] [cozidos] [fritos] [escalfados] [mexidos].
ooz AW-voosh [KAYN-tęsh] [koo-ZEE-doosh] [FREE-toosh] [ęsh-kahl-FAH-doosh] [mę-SHEE-doosh].

816. Omelet. O omelete. *oo oh-mę-LEH-tę.*

* In Portugal *marmelada* traditionally refers to quince preserves (Port. *marmelo*, quince). English-style citrus marmalades are known as *geléia*.

SOUPS AND SALADS

817. A açorda [alentejana].
*uh uh-SOHR-duh [uh-layn-t*ę*-ZHUH-nuh].*
A thick, cold soup of soaked bread, tomatoes, peppers and cucumbers.

818. —de alho.
*—d*ę *AH-lyoo.*
A thick soup of soaked bread, garlic and herbs.

819. O caldo. *oo KAHL-doo.* Consommé.

820. O caldo verde. *oo KAHL-doo VAYR-d*ę.
Cabbage and potato soup.

821. A canja. *uh KUHN-zhuh.*
Chicken and rice soup.

822. A sopa à alentejana.
*uh SOH-puh ah uh-layn-t*ę*-ZHUH-nuh.*
Bread and egg soup.

823. A sopa de [feijão].
*uh SOH-puh d*ę *[fay͡ee-ZHAH͡OON].*
Red bean and cabbage soup.

824. —de grão.
*—d*ę *grah͡oon.*
Chick-pea, onion and tomato soup.

825. —de hortaliça.
*—d*ę *oor-tuh-LEE-suh.*
Vegetable soup.

826. —de mariscos.
*—d*ę *muh-REESH-koosh.*
Shellfish soup.

827. —de mexilhão.
*—d*ę *m*ę*-shee-LYAH͡OON.*
Mussel, potato and rice soup.

828. —de tomate à alentejana.
—dę too-MAH-tę ah uh-l$\overline{ayn}$-tę-ZHUH-nuh.
Tomato, garlic, onion, egg and bread soup.

829. —transmontana.
—tru$\overline{hnzh}$-mohn-TUH-nuh.
Pork and vegetable soup.

830. A salada [mista]. *uh suh-LAH-duh [MEESH-tuh].*
[Mixed] salad.

831. —verde.
—VAYR-dę.
Green salad.

832. O molho de salada.
oo MOH-lyoo dę suh-LAH-duh.
Salad dressing.

833. Azeite e vinagre. *uh-ZAY͜EE-tę ee vee-NAH-grę.*
(Olive) oil and vinegar.

MEAT, GAME, AND POULTRY

834. O bife. *oo BEE-fę.* Beef (OR: Beefsteak).

835. O borrego (OR: **O cordeiro**).
oo boo-RREH-goo (OR: *oo koor-DAY͜EE-roo*).
Lamb.

836. O cabrito. *oo kuh-BREE-too.* Kid.

837. A caça. *uh KAH-suh.* Game.

838. O cachorro. *oo kuh-SHAW-rroo.* Hot dog.

839. O carneiro. *oo kuhr-NAY͜EE-roo.* Mutton.

840. O chispe. *oo SHEESH-pę.* Pig's trotters.

841. O coelho. *oo koo-EH-lyoo.* Rabbit.

842. As costeletas. *uhsh koosh-too-LAY-tuhsh.*
Chops (OR: Cutlets).

843. O cozido (à portuguesa).
oo koo-ZEE-doo (ah poor-too-GAY-zuh).
Boiled beef and vegetables.

844. A dobrada. *uh doo-BRAH-duh.*
Tripe with beans and sausage.

845. O fígado. *oo FEE-guh-doo.* Liver.

846. O frango (OR: A galinha).
oo FRUHN-goo (OR: uh guh-LEE-nyuh).
Chicken.

847. O ganso. *oo GUHN-soo.* Goose.

848. O leitão. *oo lay_ee-TAH͞OON.* Suckling pig.

849. Os miolos. *oozh mee-OH-loosh.*
Brains (OR: Sweetbreads).

850. O pato. *oo PAH-too.* Duck.

851. O perú. *oo pę-ROO.* Turkey.

852. O pombo. *oo POHN-boo.* Pigeon.

853. O porco. *oo POHR-koo.* Pork.

854. Os rins. *oozh reensh.* Kidneys.

855. O rosbife. *oo rohzh-BEE-fę.* Roast beef.

856. A salsicha. *uh sahl-SEE-shuh.* Sausage.

857. O veado. *oo vee-AH-doo.* Venison.

858. A vitela. *uh vee-TEH-luh.* Veal.

FISH AND SEAFOOD

859. As ameijoas. *uhz uh-MAY_EE-zhoo-uhsh.*
Clams (OR: Cockles).

860. As anchovas. *uhz uhn-SHOH-vuhsh.* Anchovies.

861. O arenque. *oo uh-RAYN-kę.* Herring.

FISH AND SEAFOOD

862. O atum. *oo uh-TOON.* Tuna.

863. O bacalhau. *oo buh-kuh-LYAH‿OO.* Cod.

864. A caldeirada. *uh kahl-day‿ee-RAH-duh.* Chowder.

865. O camarão. *oo kuh-muh-RAH‿OON.* Shrimp.

866. Os caracóis. *oosh kuh-ruh-KOYSH.* Snails.

867. O caranguejo. *oo kuh-ruhn-GAY-zhoo.* Crab.

868. O eiró. *oo ay‿ee-ROH.* Small eel.

869. A enguia. *uh ayn-GEE-uh.* Large eel.

870. O espadarte. *oo ẹsh-puh-DAHR-tẹ.* Swordfish.

871. As gambas. *uhzh GUHN-buhsh.* Prawns.

872. A lagosta. *uh luh-GOHSH-tuh.* Spiny lobster.

873. Os lagostins. *oozh luh-goosh-TEENSH.* Scampi.

874. O lavagante. *oo luh-vuh-GUHN-tẹ.*
Northern lobster.

875. Os mexilhãos. *oozh mẹ-shee-LYAH‿OONSH.*
Mussels.

876. As ostras. *uhz OHSH-truhsh.* Oysters.

877. O peixe. *oo PAY‿EE-shẹ.* Fish.

878. A perca. *PEHR-kuh.* Bass.

879. O polvo. *oo POHL-voo.* Octopus.

880. Os rissóis. *oozh ree-SOYSH.* Shrimp pies.

881. O robalo. *oo roo-BAH-loo.* Sea bass.

882. O salmonete. *oo sahl-moo-NAY-tẹ.* Red mullet.

883. A sarda. *uh SAHR-duh.* Mackerel.

884. A sardinha. *uh suhr-DEE-nyuh.* Sardine.

885. A truta. *uh TROO-tuh.* Trout.

VEGETABLES

886. O aipo. *oo AH͜_EE-poo.* Celery.

887. A alcachofra. *uh ahl-kuh-SHOH-fruh.* Artichoke.

888. A alface. *uh ahl-FAH-sę.* Lettuce.

889. O arroz. *oo uh-RROHSH.* Rice.

890. As azeitonas. *uhz uh-zay͜_ee-TOH-nuhsh.* Olives.

891. As batatas. *uhzh buh-TAH-tuhsh.* Potatoes.

892. As cebolas. *uhs sę-BOH-luhsh.* Onions.

893. A cenoura. *uh sę-NOH-ruh.* Carrot.

894. O cogumelo. *oo koo-goo-MEH-loo.* Mushroom.

895. A couve. *uh KOH-vę.* Kale.

896. A couve-flor. *uh KOH-vę-FLOHR.* Cauliflower.

897. As ervilhas. *uhz ęr-VEE-lyuhsh.* Peas.

898. Os espargos. *ooz ęsh-PAHR-goosh.* Asparagus.

899. O espinafre. *oo ęsh-pee-NAH-frę.* Spinach.

900. Os feijões. *oosh fay͜_ee-ZHOYNSH.* Beans.

901. Os grãos. *oozh grah͜_oonsh.* Chick-peas.

902. Os grelos. *oozh GREH-loosh.* Turnip tops.

903. As lentilhas. *uhzh layn-TEE-lyuhsh.* Lentils.

904. O pepino. *oo pę-PEE-noo.* Cucumber.

905. O pimento verde.
oo pee-MAYN-too VAYR-dę.
Green pepper.

906. Os rabanetes. *oozh ruh-buh-NAY-tęsh.* Radishes.

907. O repolho. *oo rę-POH-lyoo.* Cabbage.

908. A salsa. *uh SAHL-suh.* Parsley.

909. O tomate. *oo too-MAH-tę.* Tomato.

FRUITS

910. O alperche (OR: **O damasco**).
oo ahl-PEHR-shę (OR: *oo duh-MAHSH-koo*).
Apricot.

911. A ameixa. *uh uh-MAY͟_EE-shuh.* Plum.

912. As amêndoas. *uhz uh-MA͞YN-doo-uhsh.*
Almonds.

913. O ananás. *oo uh-nuh-NAHSH.* Pineapple.

914. A banana. *uh buh-NUH-nuh.* Banana.

915. As castanhas. *uhsh kuhsh-TUH-nyuhsh.*
Chestnuts.

916. As cerejas. *uhs sę-RAY-zhuhsh.* Cherries.

917. Os figos. *oosh FEE-goosh.* Figs.

918. As framboesas. *uhsh fruhn-boo-AY-zuhsh.*
Raspberries.

919. A laranja. *uh luh-R͞UHN-zhuh.* Orange.

920. O limão. *oo lee-M͞AH͟_OON.* Lemon.

921. A maçã. *uh muh-S͞UHN.* Apple.

922. A manga. *uh M͞UHN-guh.* Mango.

923. A melancia. *uh mę-luhn-SEE-uh.*
Watermelon.

924. O melão. *oo mę-L͞AH͟_OON.* Melon.

925. A meloa. *uh mę-LOH-uh.* Cantaloupe.

926. Os morangos. *oozh moo-R͞UHN-goosh.*
Strawberries.

927. As nozes. *uhzh NAW-zęsh.* Walnuts.

928. A pera. *uh PAY-ruh.* Pear.

929. O pêssego. *oo PAY-sę-goo.* Peach.

930. As tâmaras. *uhsh TUH-muh-ruhsh.* Dates.
931. A toronja. *uh too-ROHN-zhuh.* Grapefruit.
932. As uvas. *uhz OO-vuhsh.* Grapes.

DESSERTS

933. O arroz doce. *oo uh-RROHZH DOH-sę.*
Rice pudding.
934. Os biscoitos. *oozh beesh-KOY-toosh.* Cookies.
935. O bolo. *oo BOH-loo.* Cake.
936. As farófias. *uhsh fuh-RAW-fee-uhsh.*
Meringue with egg custard.
937. Os gelados. *oozh zhę-LAH-doosh.* Ice cream.
938. O leite creme. *oo LAY͡EE-tę KREH-mę.*
Custard.
939. O pudim flan. *oo poo-DEEN fluhn.*
Caramel custard.
940. O queijo. *oo KAY͡EE-zhoo.* Cheese.
941. O sorvete. *oo sohr-VAY-tę.*
Sherbet (OR: Ice cream).
942. A torta. *uh TAWR-tuh.* Pie.
943. O toucinho do céu. *oo toh-SEE-nyoo doo say͡oo.*
Almonds and egg yolks baked in syrup.

WORSHIP

944. Altar. O altar. *oo ahl-TAHR.*
945. Catholic church.
A igreja católica. *uh ee-GRAY-zhuh kuh-TAW-lee-kuh.*

WORSHIP 81

946. Choral music.
A música coral. *uh MOO-zee-kuh koo-RAHL.*

947. Collection plate.
A bandeja da colecta.
uh buhn-DAY-zhuh duh koo-LEH-tuh.

948. Communion.
A comunhão. *uh koh-moo-NYAH͡_OON.*

949. Confession.
A confissão. *uh kohn-fee-SAH͡_OON.*

950. Contribution.
O donativo (OR: O óbolo).
oo doh-nuh-TEE-voo (OR: *oo AW-boo-loo*).

951. Mass. A missa. *uh MEE-suh.*

952. Minister. O pastor. *oo pahsh-TOHR.*

953. Prayers. As orações. *uhz oh-ruh-SO͡YNSH.*

954. Prayer book.
O livro de orações. *oo LEE-vroo dę oh-ruh-SO͡YNSH.*

955. Priest. O padre. *oo PAH-drę.*

956. Protestant church.
A igreja protestante. *uh ee-GRAY-zhuh proo-tęsh-TUHN-tę.*

957. Rabbi. O rabino. *oo ruh-BEE-noo.*

958. Synagogue. A sinagoga. *uh see-nuh-GAW-guh.*

959. Sermon. O sermão. *oo sęr-MAH͡_OON.*

960. Services.
Os serviços religiosos.
oos sęr-VEE-soozh rę-lee-zhee-AW-zoosh.

961. Sunday (OR: **Church**) **school.**
A escola dominical. *uh ęsh-KAW-luh doo-mee-nee-KAHL.*

SIGHTSEEING

962. I want a licensed guide [who speaks English].
Quero um guia autorizado [que fale inglês].
KEH-roo oon GEE-uh ah͜_oo-too-ree-ZAH-doo [kę FAH-lę een-GLAYSH].

963. How long will the excursion take?
Quanto tempo leva a excursão?
KWUHN-too TAYN-poo LEH-vuh uh ęsh-koor-SAH͜_OON?

964. Must I book in advance?
Devo inscrever-me adiantado?
DAY-voo eensh-krę-VAYR-mę uh-dee-uhn-TAH-doo?

965. Are admission tickets and lunch included?
Os bilhetes de admissão e o lanche estão incluidos?
oozh bee-LYAY-tęzh dę uhd-mee-SAH͜_OON ee oo LUHN-shę ęsh-TAH͜_OON een-kloo-EE-doosh?

966. What is the charge for a trip [to the island]?
Quanto custa a viagem [à ilha]?
KWUHN-too KOOSH-tuh uh vee-AH-zhayn [ah EE-lyuh]?

967. —to the mountain.
—à montanha.
—*ah mohn-TUH-nyuh.*

968. —to the sea.
—ao mar.
—*ah͜_oo mahr.*

969. —around the city.
—à volta da cidade.
—*ah VAWL-tuh duh see-DAH-dę.*

970. Call for me [tomorrow] at my hotel at 8 A.M.
Venha ao meu hotel [àmanhã] às oito horas da manhã.
VEH-nyuh ah͜_oo may͜_oo oh-TEHL [ah-muh-NYUHN] ahz OY-too AW-ruhzh duh muh-NYUHN.

SIGHTSEEING

971. Show me the sights of interest.
Mostre-me as vistas de interesse.
MAWSH-trę-mę uhzh VEESH-tuhzh dę een-tę-RAY-sę.

972. What is that building?
Que edifício é aquele? *kę ee-dee-FEE-see-oo eh uh-KAY-lę?*

973. How old is it (LIT: When was it built)?
Quando foi construido?
KWUHN-doo foy kohnsh-troo-EE-doo?

974. Can we go in?
Podemos entrar? *poo-DAY-mooz ayn-TRAHR?*

975. I am interested [in architecture].
Estou interessado [na arquitectura].
ęsh-TOH een-tę-rę-SAH-doo [nuh uhr-kee-teh-TOO-ruh].

976. —in archeology.
—na arqueologia.
—nuh uhr-kę-oo-loo-ZHEE-uh.

977. —in sculpture.
—na escultura.
—nuh ęsh-kool-TOO-ruh.

978. —in painting.
—na pintura.
—nuh peen-TOO-ruh.

979. —in graphic art.
—nas artes gráficas.
—nuhz AHR-tęzh GRAH-fee-kuhsh.

980. —in native arts and crafts.
—na arte popular e no artesanato.
—nuh AHR-tę poh-poo-LAHR ee noo uhr-tę-zuh-NAH-too.

981. —in modern art.
—na arte moderna.
—nuh AHR-tę moo-DEHR-nuh.

SIGHTSEEING

982. I should like to see [the park].
Gostaria de ver [o parque].
goosh-tuh-REE-uh dę vayr [oo PAHR-kę].

983. —the cathedral.
—a catedral.
—uh kuh-tę-DRAHL.

984. —the library.
—a biblioteca.
—uh bee-blee-oo-TEH-kuh.

985. —the ruins.
—as ruinas.
—uhzh roo-EE-nuhsh.

986. —the castle.
—o castelo.
—oo kuhsh-TEH-loo.

987. —the palace.
—o palácio.
—oo puh-LAH-see-oo.

988. —the zoo.
—o jardim zoológico.
—oo zhuhr-DEEN zoo-oo-LAW-zhee-koo.

989. Let's take a walk around [the botanical garden].
Vamos dar um passeio à volta [do jardim botânico].
VUH-moozh dahr oon puh-SAY͡_EE-oo ah VAWL-tuh [doo zhuhr-DEEN boo-TUH-nee-koo].

990. Is it a tourist trap?
É uma armadilha para turistas?
eh OO-muh ahr-muh-DEE-lyuh PUH-ruh too-REESH-tuhsh?

991. A beautiful view!
Uma vista bonita! *OO-muh VEESH-tuh boo-NEE-tuh!*

SIGHTSEEING

992. Very interesting!
Muito interessante!
M$\overline{OO}$_EEN-too een-t$ę$-r$ę$-S$\overline{UHN}$-t$ę$!

993. Magnificent!
Magnífico! mahg-NEE-fee-koo!

994. We are enjoying ourselves.
Estamos a divertir-nos.
$ę$sh-TUH-mooz uh dee-v$ę$r-TEER-noosh.

995. I am bored.
Estou [aborrecido (M.)] [aborrecida (F.)].
$ę$sh-TOH [uh-boo-rr$ę$-SEE-doo] [uh-boo-rr$ę$-SEE-duh].

996. When does the museum [open] [close]?
Quando [abre] [fecha] o museu?
K$\overline{WUHN}$-doo [AH-br$ę$] [FAΥ-shuh] oo moo-Z$A\Upsilon$_OO?

997. Is this the way to [the entrance]?
É este o caminho para [a entrada]?
eh $A\Upsilon SH$-t$ę$ oo kuh-MEE-nyoo PUH-ruh [uh $\overline{ayn}$-TRAH-duh]?

998. —the exit.
—a saída.
—uh suh-EE-duh.

999. Let's visit the fine arts gallery.
Vamos visitar a galeria de Belas-Artes.
VUH-moozh vee-zee-TAHR uh guh-l$ę$-REE-uh d$ę$ BEH-luhz-AHR-t$ę$sh.

1000. Let's stay longer.
Vamos ficar mais tempo.
VUH-moosh fee-KAHR mah_eesh T$\overline{A\Upsilon N}$-poo.

1001. Let's leave now.
Vamos embora agora.
VUH-mooz $\overline{ayn}$-BAW-ruh uh-GAW-ruh.

1002. We must be back by 5 o'clock.
Devemos estar de volta pelas 5 horas.

d̩e-VAY-mooz ęsh-TAHR dę VAWL-tuh PEH-luhs S$\overline{EEN}$-koo AW-ruhsh.

1003. If there is time, let's rest a while.
Se há tempo descansemos um pouco.

sę ah T$\overline{AYN}$-poo dęsh-kuhn-SAY-mooz oon POH-koo.

ENTERTAINMENTS

1004. Is there [a matinée] today?
Há hoje [matiné]?   ah OH-zhę [mah-tee-NEH]?

1005. Has [the show] begun?
[O espectáculo] já começou?
[oo ęsh-peh-TAH-koo-loo] zhah koo-mę-SOH?

1006. What is playing now?
Qual é o espectáculo de hoje?
KWAHL eh oo ęsh-peh-TAH-koo-loo DOH-zhę?

1007. Have you any seats for tonight?
Tem alguns lugares para esta noite?
tayn ahl-G$\overline{OON}$ZH loo-GAH-ręsh PUH-ruh EHSH-tuh NOY-tę?

1008. How much is [an orchestra seat]?
Quanto custa [uma plateia]?
KW$\overline{UHN}$-too KOOSH-tuh [OO-muh pluh-TAY͜EE-uh]?

1009. —a balcony seat.
—um lugar de balcão.
—oon loo-GAHR dę bahl-K$\overline{AH\ OON}$.

1010. —a box.
—um camarote.
—oon kuh-muh-RAW-tę.

ENTERTAINMENTS 87

1011. —a seat in the mezzanine.
—um lugar no primeiro balcão.
—$\overline{oon}$ loo-GAHR noo pree-MAY͜EE-roo bahl-K$\overline{AH͜OON}$.

1012. Not too far from the stage.
Não muito longe do palco.
na$\overline{h͜oo}$n M$\overline{OO͜EE}$N-too L$\overline{OHN}$-zhę doo PAHL-koo.

1013. Here is my stub.
Aqui está o meu talão.
uh-KEE ęsh-TAH oo may͜oo tuh-L$\overline{AH͜OON}$.

1014. Can I see and hear well from there?
Posso ver e ouvir bem desse lugar?
PAW-soo vayr ee oh-VEER ba̱yn DAY-sę loo-GAHR?

1015. How much should one tip [the usher]?
Que gorjeta devo dar [ao arrumador]?
kę goor-ZHAY-tuh DAY-voo dahr [ah͜oo uh-rroo-muh-DOHR]?

1016. How long is the intermission?
Quanto dura o intervalo?
KW$\overline{UHN}$-too DOO-ruh oo $\overline{een}$-tęr-VAH-loo?

1017. When does the show [begin] [end]?
Quando [principia] [acaba] o espectáculo?
KW$\overline{UHN}$-doo [preen-see-PEE-uh] [uh-KAH-buh] oo ęsh-pęh-TAH-koo-loo?

1018. Everyone enjoyed the show.
Toda a gente gostou do espectáculo.
TOH-duh uh Z̧H$\overline{AYN}$-tę goosh-TOH doo ęsh-pęh-TAH-koo-loo.

1019. The ballet.   O bailado.   oo bah͜ee-LAH-doo.

1020. The box office (OR: **ticket window**).
A bilheteira.   uh bee-lyę-TAY͜EE-ruh.

1021. The circus.   O circo.   oo SEER-koo.

1022. The concert.   O concerto.   oo ko$\overline{hn}$-SAYR-too.

ENTERTAINMENTS

1023. The folk dances.
As danças folclóricas.
uhzh DUHN-suhsh fawl-KLAW-ree-kuhsh.

1024. The gambling casino.
O casino de jogos.   *oo kuh-ZEE-noo dę ZHOH-goosh.*

1025. Where is the [beginning] [end] of the line?
Onde [começa] [acaba] a fila?
$\overline{OHN}$-dę [koo-MAY-suh] [uh-KAH-buh] uh FEE-luh?

1026. The movies.   O cinema.   *oo see-NAY-muh.*

1027. The musical comedy.
A comédia musical.   *uh koo-MEH-dee-uh moo-zee-KAHL.*

1028. The nightclub.
A boáte (OR: cabaré).   *uh boo-AH-tę (OR: kah-bah-REH).*

1029. The opera.   A ópera.   *uh AW-pę-ruh.*

1030. The opera glasses.
Os binóculos.   *oozh bee-NAW-koo-loosh.*

1031. The opera house.
O teatro de ópera.   *oo tee-AH-troo dę AW-pę-ruh.*

1032. The performance.
A representação.   *uh rę-prę-zayn-tuh-$\overline{SAH\_OON}$.*

1033. The program.   O programa.   *oo proo-GRUH-muh.*

1034. The puppet show.
A representação de fantoches.
uh rę-prę-zayn-tuh-$\overline{SAH\_OON}$ dę fuhn-TAW-shęsh.

1035. The reserved seat.
O lugar reservado.   *oo loo-GAHR rę-sęr-VAH-doo.*

1036. The sports event.
A exibição de desporto.
uh ee-zee-bee-$\overline{SAH\_OON}$ dę dęsh-POHR-too.

1037. Standing room.
Lugares de pé.   *loo-GAH-ręzh dę peh.*

1038. The theater. O teatro. *oo tee-AH-troo.*

1039. The variety show.
O espectáculo de variedades.
oo ęsh-peh-TAH-koo-loo dę vuh-ree-ę-DAH-dęsh.

1040. The bullfight. A tourada. *uh toh-RAH-duh.*

NIGHTCLUB AND DANCING

1041. How much is [the admission charge]?
Quanto é [a entrada]?
KWUHN-too eh [uh ayn-TRAH-duh]?

1042. —the cover charge.
—a coberta.
—uh koh-BEHR-tuh.

1043. —the minimum charge.
—a despesa mínima.
—uh dęsh-PAY-zuh MEE-nee-muh.

1044. Is there a floor show?
Há um espectáculo? *ah oon ęsh-peh-TAH-koo-loo?*

1045. Where can we go to dance?
Onde podemos ir dançar?
OHN-dę poo-DAY-mooz eer duhn-SAHR?

1046. May I have this dance?
Dá-me o prazer desta dança?
DAH-mę oo pruh-ZAYR DEHSH-tuh DUHN-suh?

1047. You dance very well.
Dança muito bem. *DUHN-suh MOO_EEN-too bayn.*

1048. Will you play [a fox trot]?
Pode tocar [um fox-trot]?
PAW-dę too-KAHR [oon fox-trot]?

1049. —a rumba.
—uma rumba.
—*OO-muh R$\overline{OON}$-buh.*

1050. —a samba.
—um samba.
—*$\overline{oon}$ S$\overline{UHN}$-buh.*

1051. —a tango.
—um tango.
—*$\overline{oon}$ T$\overline{UHN}$-goo.*

1052. —a waltz.
—uma valsa.
—*OO-muh VAHL-suh.*

1053. —a folk dance.
—uma dança popular.
—*OO-muh D$\overline{UHN}$-suh poh-poo-LAHR.*

1054. —rock music.
—música rock.
—*MOO-zee-kuh RAW-kę.*

1055. The discotheque.
A discoteca.   *uh deesh-kaw-TEH-kuh.*

SPORTS AND GAMES

1056. We want to play [soccer].
Queremos jogar [futebol].
kę-RAY-moozh zhoo-GAHR [foo-tę-BAWL].

1057. —basketball.
—basquetebol.
—*bahsh-kę-tę-BAWL.*

SPORTS AND GAMES

1058. —cards.
—cartas.
—*KAHR-tuhsh.*

1059. —golf.
—golfe.
—*GOHL-fę.*

1060. —ping pong.
—pinguepongue (OR: ténis-de-mesa).
—*peen-gę-POHN-gę* (OR: *TEH-neezh-dę-MAY-zuh*).

1061. —tennis.
—ténis.
—*TEH-neesh.*

1062. —volleyball.
—voleibol.
—*voh-lay‿ee-BAWL.*

1063. Do you play [chess]?
Joga [xadrez]? *ZHAW-guh [shuh-DRAYSH]?*

1064. —checkers.
—damas.
—*DUH-muhsh.*

1065. —bridge.
—bridge.
—*BREED-zhę.*

1066. Let's go swimming.
Vamos nadar. *VUH-moozh nuh-DAHR.*

1067. Let's go [to the swimming pool].
Vamos [para a piscina].
VUH-moosh [PUH-ruh uh peesh-SEE-nuh].

1068. —to the beach.
—para a praia.
—*PUH-ruh uh PRAH‿EE-uh.*

SPORTS AND GAMES

1069. —to the horse races.
—às corridas de cavalos.
—*ahsh koo-RREE-duhzh dę kuh-VAH-loosh.*

1070. —to the soccer game.
—ao jogo de futebol.
—*ah‿oo ZHOH-goo dę foo-tę-BAWL.*

1071. I need [golf equipment].
Preciso de [equipagem de golfe].
prę-SEE-zoo dę [ee-kee-PAH-zhayn dę GOHL-fę].

1072. —fishing tackle.
—petrechos de pesca.
—*pę-TRAY-shoozh dę PEHSH-kuh.*

1073. I want a tennis racket.
Desejo uma raqueta de ténis.
de-ZAY-zhoo OO-muh ruh-KAY-tuh dę TEH-neesh.

1074. Can we [go fishing]?
Podemos [ir pescar]? *poo-DAY-mooz [eer pęsh-KAHR]?*

1075. —go horseback riding.
—montar a cavalo.
—*mohn-TAHR uh kuh-VAH-loo.*

1076. —go ice skating.
—patinar no gelo.
—*puh-tee-NAHR noo ZHAY-loo.*

1077. —go sledding.
—ir de trenó na neve.
—*eer dę trę-NAW nuh NEH-vę.*

1078. —go skiing.
—fazer esqui.
—*fuh-ZAYR ęsh-KEE.*

HIKING AND CAMPING

1079. How long a walk is it to [the youth hostel]?
Qual é a distância para [o albergue para estudantes]?
kwahl eh uh deesh-TUHN-see-uh PUH-ruh [oo ahl-BEHR-gę PUH-ruh ęsh-too-DUHN-tęsh]?

1080. Are sanitary facilities available?
Há sanitários? *ah suh-nee-TAH-ree-oosh?*

1081. Campsite.
O parque de campismo. *oo PAHR-kę dę kuhn-PEEZH-moo.*

1082. Camping equipment.
A equipagem de acampar.
uh ee-kee-PAH-zhayn dę uh-kuhn-PAHR.

1083. Camping permit.
A licença para acampar.
uh lee-SAYN-suh PUH-ruh uh-kuhn-PAHR.

1084. Cooking utensils.
Os utensílios de cozinha.
ooz oo-tayn-SEE-lee-oozh dę koo-ZEE-nyuh.

1085. Footpath. O caminho. *oo kuh-MEE-nyoo.*

1086. Hike. O passeio a pé. *oo puh-SAY‿EE-oo uh peh.*

1087. Matches. Os fósforos. *oosh FAWSH-foo-roosh.*

1088. Picnic. O piquenique. *oo pee-kę-NEE-kę.*

1089. Rubbish. O lixo. *oo LEE-shoo.*

1090. Shortcut. O atalho. *oo uh-TAH-lyoo.*

1091. Tent. A barraca. *uh buh-RRAH-kuh.*

1092. Thermos.
A garrafa térmica. *uh guh-RRAH-fuh TEHR-mee-kuh.*

1093. Drinking water.
A água potável. *uh AH-gwuh poo-TAH-vehl.*

1094. Wood. A madeira. *uh muh-DAY̅_EE-ruh.*

1095. Firewood. A lenha. *uh LEH-nyuh.*

1096. Forest. A floresta. *uh floo-REHSH-tuh.*

1097. Lake. O lago. *oo LAH-goo.*

1098. Mountain. A montanha. *uh mo̅h̅n-TUH-nyuh.*

1099. River. O rio. *oo REE-oo.*

1100. Stream. O corrente. *oo koo-RR̅A̅Y̅N̅-tę.*

BANK AND MONEY

1101. Where can I change foreign money [at the best rate]?
Onde posso trocar dinheiro estrangeiro [ao melhor câmbio]?
O̅H̅N̅-dę PAW-soo troo-KAHR dee-NYAY̅_EE-roo ęsh-truhn-ZHAY̅_EE-roo [ah͜oo mę-LYOHR KU̅H̅N̅-bee-oo]?

1102. What is the exchange rate on the dollar?
Qual é o câmbio do dólar?
kwahl eh oo KU̅H̅N̅-bee-oo doo DAW-lahr?

1103. Will you cash [a personal check]?
Pode trocar-me [um cheque pessoal]?
PAW-dę troo-KAHR-mę [oon SHEH-kę pę-soo-AHL]?

1104. —a traveler's check.
—um cheque de viagem.
—oon SHEH-kę dę vee-AH-zhayn.

1105. I have [a bank draft].
Tenho [um cheque bancário].
TAY̅-nyoo [oon SHEH-kę buhn-KAH-ree-oo].

SHOPPING

1106. —a credit card.
—um cartão de crédito.
—*oon kuhr-TAH͡OON dę KREH-dee-too.*

1107. —a letter of credit.
—uma carta de crédito.
—*OO-muh KAHR-tuh dę KREH-dee-too.*

1108. I would like to exchange [twenty] dollars.
Gostaria de trocar [vinte] dólares.
goosh-tuh-REE-uh dę troo-KAHR [VEEN-tę] DAW-luh-ręsh.

1109. Please give me [large bills].
É favor dar-me [notas grandes].
eh fuh-VOHR DAHR-mę [NAW-tuhzh GRUHN-dęsh].

1110. —small bills.
—notas pequenas.
—*NAW-tuhsh pę-KAY-nuhsh.*

1111. —small change.
—troco miúdo.
—*TROH-koo mee-OO-doo.*

SHOPPING

1112. Show me [the hat] in the window.
Mostre-me [o chapéu] da montra.
MAWSH-trę-mę [oo shuh-PAY͡OO] duh MOHN-truh.

1113. Can you help me?
Pode ajudar-me? *PAW-dę uh-zhoo-DAHR-mę?*

1114. I am just looking around.
Estou só a ver. *ęsh-TOH saw uh vayr.*

1115. I shall come back later.
Voltarei mais tarde.
vohl-tuh-RAY͡EE mah͡eesh TAHR-dę.

SHOPPING

1116. I've been waiting [a long time] [a short time].
Estou à espera [há bastante tempo] [há pouco tempo].
*ęsh-TOH ah ęsh-PEH-ruh [ah bush-TUHN-tę TAYN-poo]
[ah POH-koo TAYN-poo].*

1117. What brand do you have?
Que marca tem? *kę MAHR-kuh tayn?*

1118. How much is it [per piece]?
Quanto custa [por cada um]?
KWUHN-too KOOSH-tuh [poor KAH-duh oon]?

1119. —per meter.
—por metro.
—*poor MEH-troo.*

1120. —per pound.
—por libra (OR: meio quilo).
—*poor LEE-bruh (OR: MAY_EE-oo KEE-loo).*

1121. —per kilo.
—por quilo.
—*poor KEE-loo.*

1122. —per package.
—por pacote.
—*poor puh-KAW-tę.*

1123. —per bunch.
—por molho.
—*poor MAW-lyoo.*

1124. —all together.
—tudo junto.
—*TOO-doo ZHOON-too.*

1125. It is [too expensive].
É [muito caro]. *eh [MOO_EEN-too KAH-roo].*

1126. —cheap.
—barato.
—*buh-RAH-too.*

SHOPPING

1127. —reasonable.
—razoável.
—*ruh-zoo-AH-vehl*.

1128. Is that your lowest price?
Esse é o mínimo preço?
AY-sę eh oo MEE-nee-moo PRAY-soo?

1129. Do you allow a discount?
Dá um desconto? *dah oon dęsh-KOHN-too?*

1130. I [do not] like that.
Eu [não] gosto disso.
ay‿oo [nah‿oon] GAWSH-too DEE-soo.

1131. Have you something [better]?
Tem alguma coisa [melhor]?
tayn ahl-GOO-muh KOY-zuh [mę-LYOHR]?

1132. —cheaper.
—mais barato.
—*mah‿eezh buh-RAH-too*.

1133. —more chic.
—mais chique.
—*mah‿eesh SHEE-kę*.

1134. —[stronger] [softer].
—[mais forte] [mais macio].
—*[mah‿eesh FAWR-tę] [mah‿eezh muh-SEE-oo]*.

1135. —[heavier] [lighter].
—[mais pesado] [mais leve].
—*[mah‿eesh pę-ZAH-doo] [mah‿eezh LEH-vę]*.

1136. —[tighter] [looser].
—[mais apertado] [mais largo].
—*[mah‿eez uh-pęr-TAH-doo] [mah‿eezh LAHR-goo]*.

1137. —[lighter] [darker].
—[mais claro] [mais escuro].
—*[mah‿eesh KLAH-roo] [mah‿eez ęsh-KOO-roo]*.

SHOPPING

1138. Do you have this in [my size]?
Tem isto no [meu tamanho]?
tayn EESH-too noo [may͜_oo tuh-MUH-nyoo]?

1139. Do you have this in a [larger] [smaller] size?
Tem isto num tamanho [maior] [menor]?
tayn EESH-too noon tuh-MUH-nyoo [mah-YOHR] [mę-NOHR]?

1140. Do you have this [in another color] [in another style]?
Tem isto [numa outra côr] [num outro estilo]?
tayn EESH-too [NOO-muh OH-truh kohr] [noon OH-troo ęsh-TEE-loo]?

1141. Where is the fitting room?
Onde é o quarto das provas?
OHN-dę eh oo KWAHR-too duhsh PRAW-vuhsh?

1142. May I try it on?
Posso experimentar? *PAW-soo ęsh-pę-ree-mayn-TAHR?*

1143. It does not fit. Não serve. *nah͜_oon SEHR-vę.*

1144. Too [short] [long] [big] [small].
Muito [curto] [comprido] [grande] [pequeno].
MOO͜_EEN-too [KOOR-too] [kohn-PREE-doo] [GRUHN-dę] [pę-KAY-noo].

1145. Can I order the same thing in my size?
Posso encomendar a mesma coisa no meu tamanho?
PAW-soo ayn-koo-mayn-DAHR uh MAYZH-muh KOY-zuh noo may͜_oo tuh-MUH-nyoo?

1146. Please take the measurements.
É favor de tirar as medidas.
eh fuh-VOHR dę tee-RAHR uhzh mę-DEE-duhsh.

1147. The length.
O comprimento. *oo kohn-pree-MAYN-too.*

SHOPPING

1148. The width. A largura. *uh luhr-GOO-ruh.*

1149. Will it shrink? Encolherá? *ayn-koo-lyę-RAH?*

1150. Will it break? Quebrará? *kę-bruh-RAH?*

1151. Is this [handmade]?
Isto é [feito à mão]?
EESH-too eh [FAY͜_EE-too ah mah͜_oon]?

1152. —new.
—novo.
—NOH-voo.

1153. —second hand.
—em segunda mão.
—ayn se-GOON-duh mah͜_oon.

1154. —an antique.
—antigo.
—uhn-TEE-goo.

1155. —a replica.
—uma réplica.
—OO-muh REH-plee-kuh.

1156. —an imitation.
—uma imitação.
—OO-muh ee-mee-tuh-SAH͜_OON.

1157. Is this colorfast?
Isto não desbota? *EESH-too nah͜_oon dęzh-BAW-tuh?*

1158. This is [not] my size.
Este [não] é o meu tamanho.
AYSH-tę [nah͜_oon] eh oo may͜_oo tuh-MUH-nyoo.

1159. Please have this ready soon.
É favor ter isto pronto depressa.
eh fuh-VOHR tayr EESH-too PROHN-too dę-PREH-suh.

SHOPPING

1160. How long will it take to make the alterations?
Quanto tempo leva a fazer as alterações?
KWUHN-too TAYN-poo LEH-vuh uh fuh-ZAYR uhz ahl-tẹ-ruh-SOYNSH?

1161. Does the price include alterations?
O preço inclui alterações?
oo PRAY-soo een-KLOO_EE ahl-tẹ-ruh-SOYNSH?

1162. I cannot decide.
Não posso decidir.   nah_oon PAW-soo dẹ-see-DEER.

1163. I'll wait until it is ready.
Espero até que esteja pronto.
ẹsh-PEH-roo uh-TEH kẹ ẹsh-TAY-zhuh PROHN-too.

1164. Wrap this.
Embrulhe isto.   ayn-BROO-lyẹ EESH-too.

1165. Where do I pay?
Onde pago?   OHN-dẹ PAH-goo?

1166. Do I pay [the salesman]?
Pago [ao caixeiro]?
PAH-goo [ah_oo kah_ee-SHAY_EE-roo]?

1167. —the salesgirl.
—à empregada do balcão.
—ah ayn-prẹ-GAH-duh doo bahl-KAH_OON.

1168. —the cashier.
—ao caixa.
—ah_oo KAH_EE-shuh.

1169. Will you honor this credit card?
Aceita este cartão de crédito?
uh-SAY_EE-tuh AYSH-tẹ kuhr-TAH_OON dẹ KREH-dee-too?

1170. May I pay with a personal check?
Posso pagar com um cheque pessoal?
PAW-soo puh-GAHR kohn oon SHEH-kẹ pẹ-soo-AHL?

SHOPPING

1171. Is this identification acceptable?
Esta identificação é aceitável?
EHSH-tuh ee-dayn-tee-fee-kuh-SAH͡_OON eh uh-say͡_ee-TAH-vehl?

1172. Is the reference sufficient?
Esta referência é suficiente?
EHSH-tuh re-fe-RA͞YN-see-uh eh soo-fee-see-A͞YN-te?

1173. Can you send it to my hotel?
Pode mandar para o meu hotel?
PAW-de mu͞hn-DAHR PUH-ruh oo may͡_oo oh-TEHL?

1174. Can you ship [to New York City]?
Pode expedir [para a cidade de Nova Iorque]?
Paw-de esh-pe-DEER [PUH-ruh uh see-DAH-de de NAW-vuh ee-AWR-ke]?

1175. Pack this carefully for export.
Empacote isto com cuidado para exportação.
ayn-puh-KAW-te EESH-too kohn kwee-DAH-doo PUH-ruh esh-poor-tuh-SAH͡_OON.

1176. Give me a [bill] [credit memo].
Dê-me uma [conta] [nota de crédito].
DAY-me OO-muh [KO͞HN-tuh] [NAW-tuh de KREH-dee-too].

1177. I shall pay upon delivery.
Pagarei no acto da entrega.
puh-guh-RAY͡_EE noo AH-too duh a͞yn-TREH-guh.

1178. Is there an additional charge for delivery?
Há algum custo adicional de entrega?
ah ahl-GO͞ON KOOSH-too uh-dee-see-oo-NAHL de a͞yn-TREH-guh?

1179. I wish to return this article.
Desejo devolver este artigo.
de-ZAY-zhoo de-vohl-VAYR AYSH-te uhr-TEE-goo.

1180. Please refund my money.
É favor reembolsar o meu dinheiro.
eh fuh-VOHR rę-ayn-bohl-SAHR oo may‿oo dee-NYAY‿EE-roo.

1181. Please exchange this.
Faça favor de trocar isto.
FAH-suh fuh-VOHR dę troo-KAHR EESH-too.

CLOTHING AND ACCESSORIES

1182. Bathing cap.
A touca de banho. *uh TOH-kuh dę BUH-nyoo.*

1183. Bathing suit.
O fato de banho. *oo FAH-too dę BUH-nyoo.*

1184. Blouse. A blusa. *uh BLOO-zuh.*

1185. Elastic belt.
O cinto elástico. *oo SEEN-too ee-LAHSH-tee-koo.*

1186. Boots. As botas. *uhzh BAW-tuhsh.*

1187. Bracelet. O bracelete. *oo bruh-sę-LAY-tę.*

1188. Brassiere. O soutien. *oo soo-tee-AYN.*

1189. Briefs.
As cuecas curtas. *uhsh KWEH-kuhsh KOOR-tuhsh.*

1190. Button. O botão. *oo boo-TAH‿OON.*

1191. Cane. A bengala. *uh bayn-GAH-luh.*

1192. Cap. O boné. *oo boh-NEH.*

1193. Coat. O casaco. *oo kuh-ZAH-koo.*

1194. Collar. O colarinho. *oo koo-luh-REE-nyoo.*

1195. Cufflinks.
Os botões de punho. *oozh boo-TOYNZH dę POO-nyoo.*

CLOTHING AND ACCESSORIES

1196. Dress (for a child).
O vestido (de criança).
oo vesh-TEE-doo (de kree-UHN-suh).

1197. Earrings. Os brincos. oozh BREEN-koosh.

1198. A pair of gloves.
Um par de luvas. oon pahr de LOO-vuhsh.

1199. Handbag.
A mala de mão (OR: A bolsa).
uh MAH-luh de mah͡_oon (OR: uh BOHL-suh).

1200. Handkerchief. O lenço. oo LAYN-soo.

1201. Hat. O chapéu. oo shuh-PAY͡_OO.

1202. Jacket.
O casaco de esporte. oo kuh-ZAH-koo desh-PAWR-te.

1203. Dinner jacket. O smoking. oo SMOH-keeng.

1204. Jewelry. As jóias. uhzh ZHOY-uhsh.

1205. Necktie. A gravata. uh gruh-VAH-tuh.

1206. Lingerie.
A roupa de baixo para senhora.
uh ROH-puh de BAH͡_EE-shoo PUH-ruh se-NYOH-ruh.

1207. Money clip.
O prendedor de notas. oo prayn-de-DOHR de NAW-tuhsh.

1208. Nightgown.
A camisa de dormir. uh kuh-MEE-zuh de door-MEER.

1209. Pajamas. O pijama. oo pee-ZHUH-muh.

1210. Panties.
As calças de senhora. uhsh KAHL-suhzh de se-NYOH-ruh.

1211. Pin (decorative). A broche. uh BRAW-she.

1212. Pin (common). O alfinete. oo ahl-fee-NAY-te.

1213. Safety pin.
O alfinete de dama. oo ahl-fee-NAY-te de DUH-muh.

CLOTHING AND ACCESSORIES

1214. Raincoat.
O impermeável. *oo een-pęr-mee-AH-vehl.*

1215. Ribbon. A fita. *uh FEE-tuh.*

1216. Ring. O anel. *oo uh-NEHL.*

1217. Rubbers. As galochas. *uhzh guh-LAW-shuhsh.*

1218. Sandals. As sandálias. *uhs suhn-DAH-lee-uhsh.*

1219. Lady's scarf.
O cachecol de senhora.
oo kah-shę-KAWL dę sę-NYOH-ruh.

1220. Man's scarf.
O cachecol de homem. *oo kah-shę-KAWL dę AW-mayn.*

1221. Shawl.
O xaile (OR: xale). *oo SHAH͟_EE-lę (OR: SHAH-lę).*

1222. Shirt. A camisa. *uh kuh-MEE-zuh.*

1223. Shoelaces.
Os atacadores. *ooz uh-tuh-kuh-DOH-ręsh.*

1224. Shoes. Os sapatos. *oos suh-PAH-toosh.*

1225. Slippers. Os chinelos. *oosh shee-NEH-loosh.*

1226. Socks. As peúgas. *uhsh pee-OO-guhsh.*

1227. Walking shorts [for men].
Os calções de passeio [para homem].
oosh kahl-SOYNSH dę puh-SAY͟_EE-oo [PUH-ruh AW-mayn].

1228. Skirt. A saia. *uh SAH͟_EE-uh.*

1229. Slip. A combinação. *uh kohn-bee-nuh-SAH͟_OON.*

1230. Stockings. As meias. *uhzh MAY͟_EE-uhsh.*

1231. Strap. A correia. *uh koh-RRAY͟_EE-uh.*

1232. Man's suit.
O fato de homem. *oo FAH-too dę AW-mayn.*

1233. Sweater. O suéter. *oo SWEH-tęr.*

COLORS

1234. A pair of trousers.
Umas calças (OR: Um par de calças).
OO-muhsh KAL-suhsh (OR: *oon pahr dę KAL-suhsh*).

1235. Men's underwear.
A roupa de baixo para homem.
uh ROH-puh dę BAH͡_EE-shoo PUH-ruh AW-mayn.

1236. Umbrella.
O guarda-chuva (OR: chapéu de chuva).
oo GWAHR-duh-SHOO-vuh (OR: *shuh-PAY͡_OO dę SHOO-vuh*).

1237. Undershirt. A camisola. *uh kuh-mee-ZAW-luh.*

1238. Undershorts. As cuecas. *uhsh KWEH-kuhsh.*

1239. Wallet. A carteira. *uh kuhr-TAY͡_EE-ruh.*

COLORS

1240. Black. Preto. *PRAY-too.*

1241. [Light] [dark] [medium] blue.
Azul [claro] [escuro] [normal].
uh-ZOOL [KLAH-roo] [ęsh-KOO-roo] [nawr-MAHL].

1242. Brown. Castanho. *kuhsh-TUH-nyoo.*

1243. Cream. Creme. *KREH-mę.*

1244. Green. Verde. *VAYR-dę.*

1245. Grey. Cinzento. *seen-ZAYN-too.*

1246. Olive. Azeitonado. *uh-zay͡_ee-toh-NUH-doo.*

1247. Orange. Laranja. *luh-RUHN-zhuh.*

1248. Pink. Côr-de-rosa. *kohr-dę-RAW-zuh.*

1249. Purple.
Púrpura (OR: Violeta).
POOR-poo-ruh (OR: *vee-oo-LAY-tuh*).

MATERIALS

1250. Red. Vermelho. *vęr-MAY-lyoo*.
1251. White. Branco. *BRUHN-koo*.
1252. Yellow. Amarelo. *uh-muh-REH-loo*.

MATERIALS

1253. Metal. O metal. *oo mę-TAHL*.
1254. Aluminum. O alumínio. *oo uh-loo-MEE-nee-oo*.
1255. Brass. O latão. *oo luh-TAH͡OON*.
1256. Copper. O cobre. *oo KAW-brę*.
1257. Gold.
O ouro (OR: O oiro). *oo OH-roo* (OR: *oo OY-roo*).
1258. Silver. A prata. *uh PRAH-tuh*.
1259. Textiles. Os tecidos. *oosh tę-SEE-doosh*.
1260. Cotton. O algodão. *oo ahl-goo-DAH͡OON*.
1261. Dacron. O dácron. *oo DAH-krohn*.
1262. Nylon. O náilon. *oo NAH͡EE-lohn*.
1263. Orlon. O órlon. *oo AWR-lohn*.
1264. Synthetic.
O tecido sintético. *oo tę-SEE-doo seen-TEH-tee-koo*.
1265. Wool. A lã. *uh luhn*.
1266. Ceramics. A faiança. *uh fah͡_ee-UHN-suh*.
1267. China (porcelain).
A louça (de porcelana). *uh LOH-suh* (*dę poor-sę-LUH-nuh*).
1268. Crystal. O cristal. *oo kreesh-TAHL*.
1269. Furs. As peles. *uhsh PEH-lęsh*.
1270. Glass. O vidro. *oo VEE-droo*.
1271. Leather. O couro. *oo KOH-roo*.

1272. **Plastic.** O plástico. *oo PLAHSH-tee-koo.*
1273. **Stone.** A pedra. *uh PEH-druh.*
1274. **Wood.** A madeira. *uh muh-DAY͡_EE-ruh.*

BOOKSHOP, STATIONER, NEWSDEALER

1275. **Do you have [any books] in English?**
Tem [livros] em inglês?
tayn [LEE-vrooz] ayn een-GLAYSH?

1276. **I am just browsing.**
Estou só a ver. *ęsh-TOH saw uh vayr.*

1277. **Playing cards.**
As cartas de jogar. *uhsh KAHR-tuhzh dę zhoo-GAHR.*

1278. **Dictionary.**
O dicionário. *oo dee-see-oo-NAH-ree-oo.*

1279. **A dozen envelopes.**
Uma dúzia de envelopes.
OO-muh DOO-zee-uh dę ayn-vę-LAW-pęsh.

1280. **Eraser.**
A borracha de apagar.
uh boo-RAH-shuh dę uh-puh-GAHR.

1281. **Fiction.** A ficção. *uh fee-SAH͡_OON.*

1282. **Folder.**
O dossier (OR: A pasta).
oo daw-see-AY (OR: *uh PAHSH-tuh*).

1283. **Guidebook.** O roteiro. *oo roo-TAY͡_EE-roo.*

1284. **Ink.** A tinta. *uh TEEN-tuh.*

1285. **Map.** O mapa. *oo MAH-puh.*

108 BOOKSHOP, STATIONER, NEWSDEALER

1286. Some magazines.
Algumas revistas.   ahl-GOO-muhzh rẹ-VEESH-tuhsh.

1287. Newspaper.   O jornal.   oo zhohr-NAHL.

1288. Nonfiction.   Não ficção.   nah͜_oon fee-SAH͜_OON.

1289. Notebook.
O livro de notas.   oo LEE-vroo dẹ NAW-tuhsh.

1290. Airmail stationary.
O papel para correio aéreo.
oo puh-PEHL PUH-ruh koo-RRAY͜_EE-oo uh-EH-ree-oo.

1291. [Note] [writing] paper.
O papel para [notas] [escrever].
oo puh-PEHL PUH-ruh [NAW-tuhsh] [ẹsh-krẹ-VAYR].

1292. Carbon paper.
O papel químico.   oo puh-PEHL KEE-mee-koo.

1293. Fountain pen.
A caneta de tinta permanente.
uh kuh-NAY-tuh dẹ TEEN-tuh pẹr-muh-NAYN-tẹ.

1294. Ballpoint pen.
A esferográfica.   uh ẹsh-fẹ-roh-GRAH-fee-kuh.

1295. Pencil.   O lápis.   oo LAH-peesh.

1296. [Scotch] [masking] tape.
A fita [escocesa] [de máscara].
uh FEE-tuh [ẹsh-kaw-SAY-zuh] [dẹ MAHSH-kuh-ruh].

1297. String.   O cordel.   oo koor-DEHL.

1298. Typewriter.
A máquina de escrever.   uh MAH-kee-nuh dẹ ẹsh-krẹ-VAYR.

1299. Typewriter ribbon.
A fita da máquina de escrever.
uh FEE-tuh duh MAH-kee-nuh dẹ ẹsh-krẹ-VAYR.

1300. Wrapping paper.
O papel de embrulho.   oo puh-PEHL dẹ ayn-BROO-lyoo.

PHARMACY

1301. Is there [a pharmacy] here where they understand English?
Há aqui [uma farmácia] onde compreendem inglês?
ah uh-KEE [OO-muh fuhr-MAH-see-uh] OHN-de kohn-pree-AYN-dayn een-GLAYSH?

1302. May I speak to [a clerk]?
Posso falar com [um empregado (M.)] [uma empregada (F.)]?
PAW-soo fuh-LAHR kohn [oon ayn-pre-GAH-doo] [OO-muh ayn-pre-GAH-duh]?

1303. Can you fill this prescription [immediately]?
Pode aviar esta receita [imediatamente]?
PAW-de uh-vee-AHR EHSH-tuh re-SAY_EE-tuh [ee-me-dee-ah-tuh-MAYN-te]?

1304. Is it mild?   É suave?   *eh SWAH-ve?*

1305. Is it safe?
É livre de perigo?   *eh LEE-vre de pe-REE-goo?*

1306. Antibiotic.
O antibiótico.   *oo uhn-tee-bee-AW-tee-koo.*

1307. Sleeping pill.
O comprimido para dormir.
oo kohn-pree-MEE-doo PUH-ruh door-MEER.

1308. Tranquilizer.   O tranquilizante.   *oo truhn-kee-lee-ZUHN-te.*

1309. Warning.
A advertência.   *uh uhd-ver-TAYN-see-uh.*

1310. Poison.   O veneno.   *oo ve-NAY-noo.*

1311. Take as directed.
Tome de acordo com as instruções.
TAW-mę dę uh-KOHR-doo kohn uhz eensh-troo-SOYNSH.

1312. For external use only.
Só para uso externo. *saw PUH-ruh OO-zoo ęsh-TEHR-noo*.

See also "Health and Illness," p. 131.

DRUGSTORE ITEMS

1313. Adhesive tape.
O adesivo (OR: A fita adesiva).
oo uh-dę-ZEE-voo (OR: *uh FEE-tuh uh-dę-ZEE-vuh*).

1314. Analgesic (OR: Aspirin).
O analgésico (OR: A aspirina).
oo uh-nahl-ZHEH-zee-koo (OR: *uh uhsh-pee-REE-nuh*).

1315. Alcohol.   O álcool.   *oo AHL-kawl*.

1316. Antiseptic.
O anti-séptico.   *oo uhn-tee-SEH-tee-koo*.

1317. Band-Aid.
O penso adesivo (OR: O Band-Aid).
oo PAYN-soo uh-dę-ZEE-voo (OR: *oo BUHN-dę-ay‿eed*).

1318. Bandages.   As ligaduras.   *uhzh lee-guh-DOO-ruhsh*.

1319. Bath oil.
O óleo para banho.   *oo AW-lee-oo PUH-ruh BUH-nyoo*.

1320. Bath salts.
Os sais para banho.   *oos sah‿eesh PUH-ruh BUH-nyoo*.

1321. Bicarbonate of soda.
O bicarbonato de soda.
oo bee-kuhr-boo-NAH-too dę SAW-duh.

1322. Boric acid.
O ácido bórico.   *oo AH-see-doo BAW-ree-koo*.

DRUGSTORE ITEMS 111

1323. Chewing gum.
As pastilhas elásticas.
uhsh puhsh-TEE-lyuhz ee-LAHSH-tee-kuhsh.

1324. Cleaning fluid.
O líquido de tirar nódoas.
oo LEE-kee-doo dę tee-RAHR NAW-doo-uhsh.

1325. Cleansing tissues.   O Kleenex.   *oo KLEE-nęks.*

1326. Cold cream.
O creme para o rosto.
oo KREH-mę PUH-ruh oo ROHSH-too.

1327. Cologne.
A água de colónia.   *uh AH-gwuh dę koo-LAW-nee-uh.*

1328. Comb.   O pente.   *oo P$\overline{AYN}$-tę.*

1329. Compact.
A caixa de pós de arroz.
uh KAH͜EE-shuh dę pawzh duh-RROHSH.

1330. Contraceptives.
Os contraceptivos.   *oosh kohn-truh-seh-TEE-voosh.*

1331. Corn pad.
A almofada para calos.
uh ahl-moo-FAH-duh PUH-ruh KAH-loosh.

1332. Cotton (absorbent).
O algodão hidrófilo (OR: algodão em rama).
oo ahl-goo-D$\overline{AH}$͜$\overline{OON}$ ee-DRAW-fee-loo (OR: *ahl-goo-D$\overline{AH}$͜$\overline{OON}$ ayn RUH-muh*).

1333. Cough syrup.   O xarope para tosse.   *oo shuh-RAW-pę PUH-ruh TAW-sę.*

1334. Deodorant.
O desodorante.   *oo dę-zoh-doo-R$\overline{UHN}$-tę.*

1335. Depilatory.
O depilatório.   *oo dę-pee-luh-TAW-ree-oo.*

DRUGSTORE ITEMS

1336. Disinfectant.
O desinfectante.   *oo de̢-zeen-feh-TUHN-te̢.*

1337. Ear plug.
O tampão para os ouvidos.
oo tuhn-PAH͡ OON PUH-ruh ooz oh-VEE-doosh.

1338. Enema bag.
O saco para clister.   *oo SAH-koo PUH-ruh kleesh-TEHR.*

1339. Epsom salts.
Os sais de Epsom.   *oos sah‿eezh de̢ EHP-sohn.*

1340. Eye cup.
O cálice para banhar os olhos.
oo KAH-lee-se̢ PUH-ruh buh-NYAHR ooz AW-lyoosh.

1341. Eye wash.
O banho para os olhos.
oo BUH-nyoo PUH-ruh ooz AW-lyoosh.

1342. Gauze.   A gaze.   *uh GAH-ze̢.*

1343. Hairbrush.
A escova de cabelo.   *uh e̢sh-KOH-vuh de̢ kuh-BAY-loo.*

1344. Hair clip.
O gancho para o cabelo.
oo GUHN-shoo PUH-ruh oo kuh-BAY-loo.

1345. Hair tonic.
O tónico para o cabelo.
oo TAW-nee-koo PUH-ruh oo kuh-BAY-loo.

1346. Hair net.
A rede para o cabelo.
uh RAY-de̢ PUH-ruh oo kuh-BAY-loo.

1347. Hairpin.
O alfinete de cabelo.   *oo ahl-fee-NAY-te̢ de̢ kuh-BAY-loo.*

DRUGSTORE ITEMS

1348. Hairspray.
O pulverizador para o cabelo.
oo pool-vę-ree-zuh-DOHR PUH-ruh oo kuh-BAY-loo.

1349. Hand lotion.
A loção para as mãos.
uh loo-SAH͡ OON PUH-ruh uhzh mah͡ oonsh.

1350. Hot-water bottle.
A botija para água quente.
uh boo-TEE-zhuh PUH-ruh AH-gwuh KAYN-tę.

1351. Ice bag.
O saco para gelo.   *oo SAH-koo PUH-ruh ZHAY-loo.*

1352. Insecticide.
O inseticida.   *oo een-seh-tee-SEE-duh.*

1353. Iodine.
A tintura de iôdo.   *uh teen-TOO-ruh dę ee-OH-doo.*

1354. Laxative (mild).
O purgante (suave).   *oo poor-GUHN-tę (SWAH-vę).*

1355. Lipstick. O baton.   *oo buh-TOHN.*

1356. Medicine dropper.
O conta-gotas.   *oo KOHN-tuh-GOH-tuhsh.*

1357. Mirror. O espelho.   *oo ęsh-PAY-lyoo.*

1358. Mouthwash.
A loção para lavar a boca.
uh loo-SAH͡ OON PUH-ruh luh-VAHR uh BOH-kuh.

1359. Nail file.
A lima de unhas.   *uh LEE-muh dę OO-nyuhsh.*

1360. Nail polish.
O verniz para as unhas.
oo vęr-NEESH PUH-ruh uhz OO-nyuhsh.

DRUGSTORE ITEMS

1361. Nose drops.
As gotas para o nariz.
uhzh GOH-tuhsh PUH-ruh oo nuh-REESH.

1362. Ointment.
O unguento (OR: A pomada).
oo oon-GWAYN-too (OR: *uh poo-MAH-duh*).

1363. Peroxide.
A água oxigenada. *uh AH-gwuh aw-ksee-zhę-NAH-duh.*

1364. [Face] [talcum] [foot] powder.
O pó [de arroz] [de talco] [para os pés].
oo paw [duh-RROHSH] [dę TAHL-koo] [PUH-ruh oosh pehsh].

1365. Powder puff.
A borla para o pó de arroz.
uh BAWR-luh PUH-ruh oo paw duh-RROHSH.

1366. Straight razor.
A navalha de barba. *uh nuh-VAH-lyuh dę BAHR-buh.*

1367. Electric razor.
A máquina eléctrica de barbear.
uh MAH-kee-nuh ee-LEH-tree-kuh dę buhr-bee-AHR.

1368. Safety razor. A gilete. *uh zhee-LEH-tę.*

1369. Razor blade.
A lâmina de barbear. *uh LUH-mee-nuh dę buhr-bee-AHR.*

1370. Rouge. O carmim. *oo kuhr-MEEN.*

1371. Sanitary napkins.
As toalhas higiénicas.
uhsh too-AH-lyuhz ee-zhee-EH-nee-kuhsh.

1372. Sedative. O sedativo. *oo sę-duh-TEE-voo.*

1373. Shampoo.
A loção para lavagem de cabeça.
uh loo-SAH͜_OON PUH-ruh luh-VAH-zhayn dę kuh-BAY-suh.

DRUGSTORE ITEMS

1374. Shaving cream (brushless).
O creme de barbear (sem pincel).
oo KREH-mę dę buhr-bee-AHR (sayn peen-SEHL).

1375. Shaving lotion.
A loção para a barba.
uh loo-SAH͜OON PUH-ruh uh BAHR-buh.

1376. Shaving brush.
O pincel de barbear.   *oo peen-SEHL dę buhr-bee-AHR.*

1377. Shower cap.
A touca de banho.   *uh TOH-kuh dę BUH-nyoo.*

1378. Smelling salts.
Os sais aromáticos.   *oos sah͜eez uh-roo-MAH-tee-koosh.*

1379. Soap.   O sabonete.   *oo suh-boo-NAY-tę.*

1380. Sponge.   A esponja.   *uh ęsh-POHN-zhuh.*

1381. Sunglasses.
Os óculos escuros.   *ooz AW-koo-looz ęsh-KOO-roosh.*

1382. Suntan lotion.
A loção para bronzear a pele.
uh loo-SAH͜OON PUH-ruh brohn-zę-AHR uh PAY-lę.

1383. Syringe.   A seringa.   *uh sę-REEN-guh.*

1384. Thermometer [centigrade] [fahrenheit].
O termómetro [centígrado] [fahrenheit].
oo tęr-MAW-mę-troo [sayn-TEE-gruh-doo] [fah-rę-NYAY͜EE-tę].

1385. Toothbrush.
A escova de dentes.   *uh ęsh-KOH-vuh dę DAYN-tęsh.*

1386. Toothpaste.
A pasta de dentes.   *uh PAHSH-tuh dę DAYN-tęsh.*

1387. Toothpowder.
O pó para dentes.   *oo paw PUH-ruh DAYN-tęsh.*

1388. Vaseline.   A vaselina.   *uh vuh-zę-LEE-nuh.*

1389. Vitamins.
As vitaminas.   *uhzh vee-tuh-MEE-nuhsh.*

CAMERA SHOP AND PHOTOGRAPHY

1390. I want a roll of film [for this camera].
Desejo um rolo de filme [para esta máquina].
dę-ZAY-zhoo oon ROH-loo dę FEEL-mę [PUH-ruh EHSH-tuh MAH-kee-nuh].

1391. Do you have [black and white] [color] [movie] film?
Tem filme [preto e branco] [de côr] [para cinema]?
tayn FEEL-mę [PRAY-too ee BRUHN-koo] [dę kohr] [PUH-ruh see-NAY-muh]?

1392. What is the charge [for developing a roll]?
Quanto custa [para revelar um rolo]?
KWUHN-too KOOSH-tuh [PUH-ruh rę-vę-LAHR oon ROH-loo]?

1393. —for enlarging.
—para ampliar.
—PUH-ruh uhn-plee-AHR.

1394. —for one print.
—por um positivo.
—poor oon poo-zee-TEE-voo.

1395. May I take a photo of you?
Posso tirar um instantâneo seu?
PAW-soo tee-RAHR oon eensh-tuhn-TUH-nę-oo say‿oo?

GIFT AND SOUVENIR LIST 117

1396. Would you take a photo of me, please?
Poderia fazer o favor de tirar a minha fotografia?
poo-d̲e̲-REE-uh fuh-ZAYR oo fuh-VOHR d̲e̲ tee-RAHR uh MEEN-yuh foo-too-gruh-FEE-uh?

1397. Color print.
A fotografia a côres. *uh foo-too-gruh-FEE-uh uh KOH-r̲e̲sh.*

1398. Flashbulb.
A lâmpada de flash. *uh L̄UHN-puh-duh d̲e̲ flahsh.*

1399. Lens. A lente. *uh L̄AYN-t̲e̲.*

1400. Negative. O negativo. *oo n̲e̲-guh-TEE-voo.*

1401. Shutter. O obturador. *oo ohb-too-ruh-DOHR.*

1402. Transparency (OR: **Slide**).
A transparência (OR: O diapositivo).
uh truhnsh-puh-R̄AYN-see-uh (OR: *oo dee-uh-poo-zee-TEE-voo*).

1403. Tripod. O tripé. *oo tree-PEH.*

See also "Repairs and Adjustments," p. 121.

GIFT AND SOUVENIR LIST

1404. Basket. O cesto. *oo SAYSH-too.*

1405. Box of candy.
A caixa de bombons. *uh KAH͜_EE-shuh d̲e̲ boh̄n-BOHNSH.*

1406. Doll. A boneca. *uh boo-NEH-kuh.*

1407. Embroidery.
Os bordados. *oozh boor-DAH-doosh.*

1408. Handicrafts.
As artes manuais.
uhz AHR-t̲e̲zh muh-noo-AH͜_EESH.

1409. Jewelry. As joias. *uhzh ZHOY-uhsh.*

1410. Lace. A renda. *uh R̄AYN-duh.*

1411. Needlework.
Os trabalhos de agulha.
oosh truh-BAH-lyoozh dę uh-GOO-lyuh.

1412. Penknife. O canivete. *oo kuh-nee-VEH-tę.*

1413. Perfume. O perfume. *oo pęr-FOO-mę.*

1414. Phonograph records.
Os discos fonográficos.
oozh DEESH-koosh foo-noo-GRAH-fee-koosh.

1415. Pottery. A cerâmica. *uh sę-RUH-mee-kuh.*

1416. Precious stone.
A pedra preciosa. *uh PEH-druh prę-see-AW-zuh.*

1417. Print (OR**: Graphic).**
A gravura. *uh gruh-VOO-ruh.*

1418. Reproduction (of painting, etc.).
A reprodução. *uh rę-proo-doo-SAH‾‾OON.*

1419. Souvenir. A lembrança. *uh lāyn-BRUHN-suh.*

1420. Toys. Os brinquedos. *oozh breen-KAY-doosh.*

CIGAR STORE

1421. Where is the nearest cigar store?
Onde é a tabacaria mais próxima?
OHN-dę eh uh tuh-buh-kuh-REE-uh mah‾ eesh PRAW-see-muh?

1422. I want some cigars.
Queria uns charutos. *kę-REE-uh oonsh shuh-ROO-toosh.*

1423. What brand of American cigarettes [with menthol] do you have?
Que marca de cigarros americanos [com mentol] tem?
kę MAHR-kuh dę see-GAH-rrooz uh-mę-ree-KUH-noosh [kohn mayn-TAWL] tayn?

1424. One pack of [king-size] cigarettes.
Um maço de cigarros [gigantes].
oon MAH-soo de see-GAH-rroozh [zhee-GUHN-tesh].

1425. Filter-tip cigarettes.
Os cigarros com filtro. oos see-GAH-roosh kohn FEEL-troo.

1426. I need a lighter.
Preciso dum isqueiro.
pre-SEE-zoo doon eesh-KAY_EE-roo.

1427. Lighter fluid.
A gasolina para o isqueiro.
uh guh-zoo-LEE-nuh PUH-ruh oo eesh-KAY_EE-roo.

1428. Flint. A pederneira. uh pe-der-NAY_EE-ruh.

1429. Matches. Os fósforos. oosh FAWSH-foo-roosh.

1430. Pipe. O cachimbo. oo kuh-SHEEN-boo.

1431. Pipe cleaner.
O limpador de cachimbos.
oo leen-puh-DOHR de kuh-SHEEN-boosh.

1432. Pipe tobacco.
O tabaco para cachimbo.
oo tuh-BAH-koo PUH-ruh kuh-SHEEN-boo.

1433. Tobacco pouch.
A bolsa para tabaco.
uh BOHL-suh PUH-ruh tuh-BAH-koo.

LAUNDRY AND DRY CLEANING

1434. Where can I take my laundry to be washed?
Onde posso levar a minha roupa para lavar?
OHN-de PAW-soo le-VAHR uh MEE-nyuh ROH-puh PUH-ruh luh-VAHR?

LAUNDRY AND DRY CLEANING

1435. Is there a dry-cleaning service near here?
Há algum serviço de lavagem a seco perto daqui?
ah ahl-GOON sęr-VEE-soo dę luh-VAH-zhayn uh SAY-koo PEHR-too duh-KEE?

1436. Wash this blouse in [hot] [warm] [lukewarm] [cold] water.
Lave esta blusa em água [quente] [morna] [tépida] [fria].
LAH-vę EHSH-tuh BLOO-zuh ayn AH-gwuh [KAYN-tę] [MAWR-nuh] [TEH-pee-duh] [FREE-uh].

1437. No starch, please.
É favor não pôr goma.
eh fuh-VOHR nah͡oon pohr GOH-muh.

1438. Remove this stain [from this shirt].
Tire esta nódoa [desta camisa].
TEE-rę EHSH-tuh NAW-doo-uh [DEHSH-tuh kuh-MEE-zuh].

1439. Press [the trousers].
Passe a ferro [as calças].
PAH-sę uh FEH-rroo [uhsh KAHL-suhsh].

1440. Starch [the collar].
Engome [o colarinho]. *ayn-GOH-mę [oo koo-luh-REE-nyoo].*

1441. Dry-clean [this coat].
Limpe a seco [este casaco].
LEEN-pę uh SAY-koo [AYSH-tę kuh-ZAH-koo].

1442. [The belt] is missing.
Falta [o cinto]. *FAHL-tuh [oo SEEN-too].*

1443. Sew on [this button].
Cosa [este botão]. *KOH-zuh [AYSH-tę boo-TAH͡OON].*

See also "Repairs and Adjustments," p. 121.

REPAIRS AND ADJUSTMENTS

1444. This does not work.
Isto não fica bem.   EESH-too nah‿oon FEE-kuh bayn.

1445. This watch is [fast] [slow].
Este relógio está [adiantado] [atrazado].
AYSH-tę rę-LAW-zhee-oo ęsh-TAH [uh-dee-uhn-TAH-doo] [uh-truh-ZAH-doo].

1446. [My glasses] are broken.
[Os meus óculos] estão quebrados.
[oozh may‿ooz AW-koo-looz] ęsh-TAH‿OON kę-BRAH-doosh.

1447. It is torn.
Está rasgado.   ęsh-TAH ruhzh-GAH-doo.

1448. Where can I get it repaired?
Onde posso consertar isto?
OHN-dę PAW-soo kohn-sęr-TAHR EESH-too?

1449. Fix [this lock].
Arranje [esta fechadura].
uh-RRUHN-zhę [EHSH-tuh fę-shuh-DOO-ruh].

1450. Fix [the soles] [the heels] [the uppers] [the strap].
Arranje [as solas] [os saltos] [as gáspeas] [a correia].
uh-RRUHN-zhę [uhs SAW-luhsh] [oos SAHL-toosh] [uhzh GAHSH-pee-uhsh] [uh koo-RRAY‿EE-uh].

1451. Adjust [this hearing aid].
Ajuste [este aparelho para a surdez].
uh-ZHOOSH-tę [AYSH-tę uh-puh-RAY-lyoo PUH-ruh uh soor-DAYSH].

1452. Lengthen [this skirt].
Desça [esta saia].   DAYSH-suh [EHSH-tuh SAY‿EE-uh].

1453. Shorten [the sleeves].
Suba [as mangas].   SOO-buh [uhzh MUHN-guhsh].

1454. Replace [the lining].
Substitua [o forro]. soobsh-tee-$\overline{TOO}$-uh [oo FOH-rroo].

1455. Mend [the pocket].
Conserte [o bolso]. kohn-SEHR-t$ę$ [oo BOHL-soo].

1456. Fasten it together.
Junte isto. $\overline{ZHOON}$-t$ę$ EESH-too.

1457. Clean [the mechanism].
Limpe [o maquinismo].
$\overline{LEEN}$-p$ę$ [oo muh-kee-NEEZH-moo].

1458. Lubricate [the spring].
Lubrifique [a mola]. loo-bree-FEE-k$ę$ [uh MAW-luh].

1459. Alteration.
A modificação. uh moo-dee-fee-kuh-$\overline{SAH\_OON}$.

1460. Needle. A agulha. uh uh-GOO-lyuh.

1461. Scissors. A tesoura. uh t$ę$-SOH-ruh.

1462. Thimble. O dedal. oo d$ę$-DAHL.

1463. Thread. A linha. uh LEE-nyuh.

BARBER SHOP

1464. A haircut.
Um corte de cabelo. $\overline{oon}$ KAWR-t$ę$ d$ę$ kuh-BAY-loo.

1465. A light trim.
Apenas aparado. uh-PAY-nuhz uh-puh-RAH-doo.

1466. To shave.
Fazer a barba. fuh-ZAYR uh BAHR-buh.

1467. Don't cut much off [the top] [the sides].
Não corte muito [em cima] [dos lados].
nah$\_$oon KAWR-t$ę$ $\overline{MOO\_EEN}$-too [ayn SEE-muh] [doozh LAH-doosh].

1468. I want to keep my hair long.
Quero manter o meu cabelo comprido.
KEH-roo mu͞hn-TAYR oo may‿oo kuh-BAY-loo ko͞hn-PREE-doo.

1469. I part my hair [on this side].
Aparto o cabelo [deste lado].
uh-PAHR-too oo kuh-BAY-loo [DAYSH-tę LAH-doo].

1470. —on the other side.
—no outro lado.
—noo OH-troo LAH-doo.

1471. —in the middle.
—no meio.
—noo MAY‿EE-oo.

1472. No hair tonic.
Não quero tónico de cabelo.
nah‿o͞on KEH-roo TAW-nee-koo dę kuh-BAY-loo.

1473. Trim my [mustache] [beard] [sideburns] [eyebrows].
Apare [o bigode] [a barba] [as patilhas] [as sobrancelhas].
uh-PAH-rę [oo bee-GAW-dę] [uh BAHR-buh] [uhsh puh-TEE-lyuhsh] [uhs soh-bru͞hn-SAY-lyuhsh].

1474. Scissors only. Só tesoura. *saw tę-ZOH-ruh.*

BEAUTY PARLOR

1475. Can I make an appointment for Monday afternoon?
Posso fazer uma marcação para segunda-feira à tarde?
PAW-soo fuh-ZAYR OO-muh muhr-kuh-SAH‿OON PUH-ruh se-GOON-duh-FAY‿EE-ruh ah TAHR-dę?

BEAUTY PARLOR

1476. Comb my hair.
Penteie o cabelo. $\overline{payn}$-TAY_EE-ę oo kuh-BAY-loo.

1477. Wash my hair.
Lave o cabelo.   LAH-vę oo kuh-BAY-loo.

1478. Shampoo and set.
Champú e pentear. $\overline{shuhn}$-POO ee payn-tee-AHR.

1479. Not too short.
Não muito curto.   nah_oon MOO_EEN-too KOOR-too.

1480. In this style.
Neste estilo.   NAYSH-tę ęsh-TEE-loo.

1481. Dye my hair [in this shade].
Tinja o cabelo [deste tom].
$\overline{TEEN}$-zhuh oo kuh-BAY-loo [DAYSH-tę $\overline{tohn}$].

1482. Clean and set this wig.
Limpe e fixe esta peruca.
$\overline{LEEN}$-pę ee FEE-ksę EHSH-tuh pę-ROO-kuh.

1483. Curl.   O caracol.   oo kuh-ruh-KAWL.

1484. Facial.
A massagem facial.   uh muh-SAH-zh$\overline{ayn}$ fuh-see-AHL.

1485. Hairpiece.   O postiço.   oo poosh-TEE-soo.

1486. Hair rinse.
A lavagem de cabelo.   uh luh-VAH-zh$\overline{ayn}$ dę kuh-BAY-loo.

1487. Hairspray.   A laca.   uh LAH-kuh.

1488. Massage.   A massagem.   uh muh-SAH-zh$\overline{ayn}$.

1489. Manicure.   A manicura.   uh muh-nee-KOO-ruh.

1490. Permanent wave.
A permanente.   uh pęr-muh-N$\overline{AYN}$-tę.

STORES AND SERVICES

1491. Antique shop.
A loja de antiguidades (OR: bricabraque).
uh LAW-zhuh dẹ uhn-tee-gee-DAH-dẹsh (OR: *bree-kuh-BRAH-kẹ*).

1492. Art gallery.
A galeria de arte. *uh guh-lẹ-REE-uh DAHR-tẹ.*

1493. Artist's materials.
Os materiais para artistas.
oozh muh-tẹ-ree-AH͟_EESH PUH-ruh uhr-TEESH-tuhsh.

1494. Auto rental.
O aluguel de automóveis.
oo uh-loo-GEHL dẹ ah͟_oo-too-MAW-vay͟_eesh.

1495. Auto repairs.
As reparações de automóveis.
uhzh rẹ-puh-ruh-SO͞YNZH dẹ ah͟_oo-too-MAW-vay͟_eesh.

1496. Bakery. A padaria. *uh puh-duh-REE-uh.*

1497. Bank. O banco. *oo BU͞HN-koo.*

1498. Bar. O bar. *oo bahr.*

1499. Beauty salon (LIT: **Hairdresser**).
O cabeleireiro. *oo kuh-bẹ-lay͟_ee-RAY͟_EE-roo.*

1500. Bookshop. A livraria. *uh lee-vruh-REE-uh.*

1501. Butcher shop. O talho. *oo TAH-lyoo.*

1502. Candy shop.
A confeitaria. *uh kohn-fay͟_ee-tuh-REE-uh.*

1503. Checkroom.
A bengaleiro. *uh bayn-guh-LAY͟_EE-roo.*

STORES AND SERVICES

1504. [Men's] [women's] [children's] clothing store.
A loja de confecções para [homens] [senhoras] [crianças].
uh LAW-zhuh de kohn-feh-SO͞YNSH PUH-ruh [AW-maynsh] [se̞-NYOH-ruhsh] [kree-U͞HN-suhsh].

1505. Cosmetics.
Os cosméticos.   oosh kawzh-MEH-tee-koosh.

1506. Dance studio.
A salão de dança.   uh suh-LA͞H͞_OO͞N de̞ DU͞HN-suh.

1507. Delicatessen.
A loja de enchidos.   uh LAW-zhuh de̞ ay͞n-SHEE-doosh.

1508. Dentist.   O dentista.   oo day͞n-TEESH-tuh.

1509. Department store.
O armazém.   oo ahr-muh-ZA͞YN.

1510. Dressmaker.   A modista.   uh moo-DEESH-tuh.

1511. Drugstore (OR: **Pharmacy**).
A drogaria (OR: farmácia).
uh droo-guh-REE-uh (OR: fuhr-MAH-see-uh).

1512. Drycleaners.
A tinturaria (OR: limpeza a seco).
uh teen-too-ruh-REE-uh (OR: leen-PAY-zuh uh SAY-koo).

1513. Electrical supplies.
Os artigos eléctricos.   ooz uhr-TEE-gooz ee-LEH-tree-koosh.

1514. Employment agency.
A agência de empregos.
uh uh-ZHA͞YN-see-uh de̞ ay͞n-PRAY-goosh.

1515. Fish store.
O mercado de peixe.   oo me̞r-KAH-doo de PAY͞_EE-she̞.

1516. Florist.   O florista.   oo floo-REESH-tuh.

1517. Fruit store.
O mercado de fruta.   oo me̞r-KAH-doo de̞ FROO-tuh.

STORES AND SERVICES

1518. Furniture store.
A loja de móveis. *uh LAW-zhuh dę MAW-vay‿eesh.*

1519. Gift store. O bazar. *oo buh-ZAHR.*

1520. Grocery. A mercearia. *uh męr-see-uh-REE-uh.*

1521. Hardware store.
A loja de ferragens. *uh LAW-zhuh dę fę-RRAH-zhaynsh.*

1522. Hat shop. A chapelaria. *uh shuh-pę-luh-REE-uh.*

1523. Housewares.
Os artigos domésticos.
ooz uhr-TEE-goozh doo-MEHSH-tee-koosh.

1524. Jewelry store.
A joalharia (OR: ourivesaria).
uh zhoo-uh-lyuh-REE-uh (OR: *oh-ree-vę-zuh-REE-uh*).

1525. Lawyer. O advogado. *oo uhd-voo-GAH-doo.*

1526. Laundry. A lavandaria. *uh luh-vuhn-duh-REE-uh.*

1527. Loans.
Os empréstimos. *ooz ayn-PREHSH-tee-moosh.*

1528. Lumberyard.
A estância de madeiras.
uh ęsh-TUHN-see-uh dę muh-DAY‿EE-ruhsh.

1529. Lunch stand.
A loja de sandes e refeições leves.
uh LAW-zhuh dę SUHN-dęz ee rę-fay‿ee-SOYNZH LEH-vęsh.

1530. Market. O mercado. *oo męr-KAH-doo.*

1531. Milliner.
A modista de chapéus.
uh moo-DEESH-tuh dę shuh-PAY‿OOSH.

STORES AND SERVICES

1532. Money exchange.
O cambista.   *oo kuhn-BEESH-tuh.*

1533. Music store.
A loja de música.   *uh LAW-zhuh dẹ MOO-zee-kuh.*

1534. Musical instruments.
Os instrumentos de música.
ooz eensh-troo-MAYN-toozh dẹ MOO-zee-kuh.

1535. Newsstand.
A banca de jornais.   *uh BUHN-kuh dẹ zhoor-NAH⁀EESH.*

1536. Paints.   As tintas.   *uhsh TEEN-tuhsh.*

1537. Pastry shop.
A pastelaria.   *uh puhsh-tẹ-luh-REE-uh.*

1538. Pet shop.
A loja de animais domésticos.
uh LAW-zhuh dẹ uh-nee-MAH⁀EEZH doo-MEHSH-tee-koosh.

1539. Photographer.
O fotógrafo.   *oo foo-TAW-gruh-foo.*

1540. Printing.   A tipografia.   *uh tee-poo-gruh-FEE-uh.*

1541. Real estate.
Os imóveis.   *ooz ee-MAW-vay⁀eesh.*

1542. Sewing machine.
A máquina de costura.
uh MAH-kee-nuh dẹ koosh-TOO-ruh.

1543. Shoemaker.
O sapateiro.   *oo suh-puh-TAY⁀EE-roo.*

1544. Shoeshine stand.
O engraxador.   *oo ayn-gruh-suh-DOHR.*

STORES AND SERVICES

1545. Shoe store. A sapataria. *uh suh-puh-tuh-REE-uh.*

1546. Sightseeing.
A excursão de turismo.
uh ęsh-koor-SAH͡_OON dę too-REEZH-moo.

1547. Sign painter.
O pintor de tabuletas.
oo pęen-TOHR dę tuh-boo-LEH-tuhsh.

1548. Sporting goods.
Os artigos de desporto.
ooz uhr-TEE-goozh dę dęsh-POHR-too.

1549. Stockbroker.
O corretor de bolsa. *oo koo-rrę-TOHR dę BOHL-suh.*

1550. Supermarket.
O supermercado. *oo soo-pęr-męr-KAH-doo.*

1551. Tailor. O alfaiate. *oo ahl-fah͡_ee-AH-tę.*

1552. Toy shop.
A loja de brinquedos. *uh LAW-zhuh dę breen-KAY-doosh.*

1553. Trucking.
O transporte por camião.
oo truhnsh-PAWR-tę poor kuh-mee-AH͡_OON.

1554. Upholsterer.
O estofador. *oo ęsh-too-fuh-DOHR.*

1555. Used cars.
Os carros usados. *oosh KAH-rrooz oo-ZAH-doosh.*

1556. Vegetable store.
A loja de hortaliças. *uh LAW-zhuh dę ohr-tuh-LEE-suhsh.*

1557. Watchmaker.
O relojoeiro. *oo rę-loo-zhoo-AY͡_EE-roo.*

1558. Wines and liquors.
Os vinhos e licores. *oozh VEE-nyooz ee lee-KOH-ręsh.*

BABY CARE

1559. I need a reliable babysitter tonight [at 7 o'clock].

Preciso esta noite de alguém de confiança para ficar com o bebé [às sete horas].

prę-SEE-zoo EHSH-tuh NOY-tę dę ahl-G$\overline{AY}$N dę kohn-fee-$\overline{UHN}$-suh PUH-ruh fee-KAHR kohn oo beh-BEH [ahs SEH-tę AW-ruhsh].

1560. Call a pediatrician immediately.

Chame um pediatra imediatamente.

SHUH-mę oon pę-dee-AH-truh ee-mę-dee-ah-tuh-M$\overline{AY}$N-tę.

1561. Change the diaper.

Mude a fralda.   MOO-dę uh FRAHL-duh.

1562. Bathe the baby.

Dê banho ao bebé.   day BUH-nyoo ah‿oo beh-BEH.

1563. Put the baby in the crib for a nap.

Ponha o bebé no berço para dormir.

POH-nyuh oo beh-BEH noo BAYR-soo PUH-ruh door-MEER.

1564. Give the baby a pacifier if he cries.

Dê ao bebé uma chucha se ele chorar.

day ah‿oo beh-BEH OO-muh SHOO-shuh sę AY-lę shoo-RAHR.

1565. Do you have an ointment for diaper rash?

Tem uma pomada para a fogagem das fraldas?

tayn OO-muh poo-MAH-duh PUH-ruh uh foo-GAH-zhayn duhsh FRAHL-duhsh?

1566. Take the baby to the park [in the carriage] [in the stroller].

Leve o bebé para o parque [no carrinho] [na cadeirinha de passeio do bebé].

LEH-vę oo beh-BEH PUH-ruh oo PAHR-kę [noo kuh-RREE-nyoo] [nuh kuh-day‿ee-REE-nyuh dę puh-SAY‿EE-oo doo beh-BEH].

HEALTH AND ILLNESS

1567. Baby (OR: Strained) food.
Os alimentos para bebé (OR: Os alimentos passados).
ooz uh-lee-MAYN-toosh PUH-ruh beh-BEH (OR: *ooz uh-lee-MAYN-toosh puh-SAH-doosh*).

1568. Baby powder.
O pó de talco para bebé.
oo paw de TAHL-koo PUH-ruh beh-BEH.

1569. Bib. O babete. *oo buh-BEH-te.*

1570. Colic. A cólica. *uh KAW-lee-kuh.*

1571. Disposable [bottles] [diapers].
[Os biberons] [As fraldas] descartáveis.
[*oozh bee-be-ROHNZH*] [*uhsh FRAHL-duhzh*] *desh-kuhr-TAH-vay_eesh.*

1572. High chair.
A cadeira de mesa para bebé.
uh kuh-DAY_EE-ruh de MAY-zuh PUH-ruh beh-BEH.

1573. Nursemaid.
A ama (OR: A criada) do bebé.
uh UH-muh (OR: *uh kree-AH-duh*) *doo beh-BEH.*

1574. Playground.
O jardim de infância.
oo zhahr-DEEN de een-FUHN-see-uh.

1575. Rattle. A roca. *uh RAW-kuh.*

1576. Stuffed toy.
O brinquedo estofado. *oo breen-KAY-doo esh-too-FAH-doo.*

HEALTH AND ILLNESS

1577. Is the doctor [at home] [in his office]?
O doutor está [em casa] [no consultório]?
oo doh-TOHR esh-TAH [*ayn KAH-zuh*] [*noo kohn-sool-TAW-ree-oo*]?

HEALTH AND ILLNESS

1578. What are his office hours?
Quais são as horas de consulta?
kwah‿ees sah‿oon uhz AW-ruhzh dę kōhn-SOOL-tuh?

1579. Take my temperature.
Tome a minha temperatura.
TAW-mę uh MEE-nyuh tāyn-pę-ruh-TOO-ruh.

1580. I have something [in my eye].
Tenho qualquer coisa [no olho].
TAY-nyoo kwahl-KEHR KOY-zuh [noo OH-lyoo].

1581. I have a pain [in my back].
Tenho uma dor [nas costas].
TAY-nyoo OO-muh dohr [nuhsh KAWSH-tuhsh].

1582. [My toe] is swollen.
[O meu dedo do pé] está inchado.
[oo may‿oo DAY-doo doo peh] ęsh-TAH een-SHAH-doo.

1583. It is sensitive to pressure.
Está dorido à pressão.
ęsh-TAH doo-REE-doo ah pṛę-SAH‿OON.

1584. Is it serious? É sério? eh SEH-ree-oo?

1585. I do not sleep well.
Não durmo bem. nah‿oon DOOR-moo bayn.

1586. I have no appetite.
Não tenho apetite. nah‿oon TAY-nyoo uh-pę-TEE-tę.

1587. Can you give me something to relieve the pain?
Pode-me dar alguma coisa para aliviar a dor?
PAW-dę-mę dahr ahl-GOO-muh KOY-zuh PUH-ruh uh-lee-vee-AHR uh dohr?

1588. I am allergic [to penicillin].
Sou alérgico [à Penicilina].
soh uh-LEHR-zhee-koo [ah pę-nee-see-LEE-nuh].

HEALTH AND ILLNESS

1589. Where should I have this prescription filled?
Onde posso aviar esta receita?
OHN-dę PAW-soo uh-vee-AHR EHSH-tuh rę-SAY͝_EE-tuh?

1590. Do I have to go to [a hospital]?
Tenho de ir para [um hospital]?
TAY-nyoo dę eer PUH-ruh [oon ohsh-pee-TAHL]?

1591. Is surgery required?
Preciso duma operação?
prę-SEE-zoo DOO-muh oh-pę-ruh-SAH͝_OON?

1592. Must I stay in bed?
Devo ficar de cama?   DAY-voo fee-KAHR dę KUH-muh?

1593. When will I begin to feel better?
Quando é que começo a sentir-me melhor?
KWUHN-doo eh kę koo-MEH-soo uh sayn-TEER-mę mę-LYOHR?

1594. Is it contagious?
É contagioso?   eh kohn-tuh-zhee-OH-zoo?

1595. I feel [better] [worse] [about the same].
Sinto-me [melhor] [pior] [quase a mesma coisa].
SEEN-too-mę [mę-LYOHR] [pee-OHR] [KWAH-zę uh MAYZH-muh KOY-zuh].

1596. Shall I keep it bandaged?
Devo manter a ligadura?
DAY-voo muhn-TAYR uh lee-guh-DOO-ruh?

1597. Can I travel [on Monday]?
Posso viajar [na segunda-feira]?
PAW-soo vee-uh-ZHAHR [nuh sę-GOON-duh-FAY͝_EE-ruh]?

1598. When will you come again?
Quando vem outra vez?   KWUHN-doo vayn OH-truh vaysh?

HEALTH AND ILLNESS

1599. When should I take [the medicine]?
Quando devo tomar [o remédio]?
KWUHN-doo DAY-voo too-MAHR [oo rę-MEH-dee-oo]?

1600. —the injections.
—as injecções.
—*uhz een-zheh-SOYNSH.*

1601. —the pills.
—as pílulas.
—*uhsh PEE-loo-luhsh.*

1602. Every hour.
De hora em hora.   *de AW-ruh ayn AW-ruh.*

1603. [Before] [after] meals.
[Antes] [depois] das refeições.
[*UHN-tęzh*] [*dę-POYZH*] *duhzh rę-fay_ee-SOYNSH.*

1604. On going to bed.
Ao deitar-se.   *ah_oo day_ee-TAHR-sę.*

1605. On getting up.
Ao levantar-se.   *ah_oo lę-vuhn-TAHR-sę.*

1606. Twice a day.
Duas vezes por dia.   *DOO-uhzh VAY-zęsh poor DEE-uh.*

1607. Anesthetic.
O anestésico.   *oo uh-nęst-TEH-zee-koo.*

1608. Convalescence.
A convalescença.   *uh kohn-vuh-lę-SAYN-suh.*

1609. Cure.   A cura.   *uh KOO-ruh.*

1610. Diet.   A dieta.   *uh dee-EH-tuh.*

1611. A drop.   Uma gota.   *OO-muh GOH-tuh.*

1612. Nurse.
[A enfermeira (F.)] [O enfermeiro (M.)].
[*uh ayn-fęr-MAY_EE-ruh*] [*oo ayn-fęr-MAY_EE-roo*].

1613. Oculist. O oculista. *oo oh-koo-LEESH-tuh.*

1614. Orthopedist.
O ortopedista. *oo awr-toh-pę-DEESH-tuh.*

1615. Remedy. O remédio. *oo rę-MEH-dee-oo.*

1616. Specialist.
O especialista. *oo ęsh-pę-see-uh-LEESH-tuh.*

1617. Surgeon. O cirurgião. *oo see-roor-zhee-$\overline{AH\_OON}$.*

1618. Teaspoonful.
A colher de chá. *uh koo-LYEHR dę shah.*

1619. Treatment.
O tratamento. *oo truh-tuh-$\overline{MAYN}$-too.*

1620. X-rays. Os raios-X. *oozh RAH_EE-oos-sheesh.*

AILMENTS

1621. Abscess. O abcesso. *oo uhb-SEH-soo.*

1622. Allergy. A alergia. *uh uh-lęr-ZHEE-uh.*

1623. Appendicitis attack.
O ataque de apendicite.
oo uh-TAH-kę dę uh-payn-dee-SEE-tę.

1624. [Insect] bite.
A mordedura [de insecto].
uh moor-dę-DOO-rah [dę een-SEH-too].

1625. Blister. A bolha. *uh BOH-lyuh.*

1626. Boil. O furúnculo. *oo foo-$\overline{ROON}$-koo-loo.*

1627. Bruise. A contusão. *uh kōhn-too-$\overline{ZAH\_OON}$.*

1628. Burn. A queimadura. *uh kay_ee-muh-DOO-ruh.*

1629. Chicken pox.
As bexigas doidas. *uhzh bę-SHEE-guhzh DOY-duhsh.*

AILMENTS

1630. Chill. O arrepio. *oo uh-rrẹ-PEE-oo.*

1631. Cold.
A constipação (OR: O resfriado).
uh kohnsh-tee-puh-SAH͡_OON (OR: *oo rẹsh-free-AH-doo*).

1632. Constipation.
A prisão de ventre. *uh pree-ZAH͡_OON dẹ VAYN-trẹ.*

1633. Corn. O calo. *oo KAH-loo.*

1634. Cough. A tosse. *uh TAW-sẹ.*

1635. Cramp. A cãibra. *uh KAYN-bruh.*

1636. Cut. O golpe. *oo GAWL-pẹ.*

1637. Diarrhoea. A diarréia. *uh dee-uh-RRAY͡_EE-uh.*

1638. Dysentery. A disenteria. *uh dee-zayn-tẹ-REE-uh.*

1639. Earache.
A dor de ouvidos. *uh dohr dẹ oh-VEE-doosh.*

1640. Epidemic. A epidemia. *uh ee-pee-dẹ-MEE-uh.*

1641. I feel faint.
Sinto que vou desmaiar.
SEEN-too kẹ voh dẹzh-may͡_ee-AHR.

1642. Fever. A febre. *uh FEH-brẹ.*

1643. Fracture. A fractura. *uh FRAH-too-ruh.*

1644. Hay fever.
A febre-dos-fenos. *uh FEH-brẹ-doosh-FAY-noosh.*

1645. Headache.
A dor de cabeça. *uh dohr dẹ kuh-BAY-suh.*

1646. Indigestion.
A indigestão. *uh een-dee-zhẹsh-TAH͡_OON.*

1647. Infection. A infecção. *uh een-feh-SAH͡_OON.*

1648. Inflammation.
A inflamação. *uh een-fluh-muh-SAH͡_OON.*

AILMENTS

1649. Influenza.
A influenza [OR: A gripe].
uh $\overline{een}$-floo-$\overline{AYN}$-zuh [OR: uh $\overline{GREE}$-pę].

1650. Insomnia. A insónia. uh $\overline{een}$-SAW-nee-uh.

1651. Measles. O sarampo. oo suh-$\overline{RUHN}$-poo.

1652. German measles.
O sarampelo. oo suh-ruhn-$\overline{PAY}$-loo.

1653. Mumps. A papeira. uh puh-$\overline{PAY\_EE}$-ruh.

1654. Nausea. A náusea. uh $\overline{NAH\_OO}$-zę-uh.

1655. Nosebleed.
Sangrar do nariz. $\overline{suhn}$-GRAHR doo nuh-REESH.

1656. Pneumonia.
A pneumonia. uh $\overline{pnay\_oo}$-moo-$\overline{NEE}$-uh.

1657. Poisoning.
O envenenamento. oo $\overline{ayn}$-vę-nę-nuh-$\overline{MAYN}$-too.

1658. Sore throat. uh dohr dę guhr-$\overline{GUHN}$-tuh.

1659. Sprain. A entorse. uh $\overline{ayn}$-$\overline{TAWR}$-sę.

1660. [Bee] sting.
A picada [de abelha]. uh pee-$\overline{KAH}$-duh [dę uh-$\overline{BAY}$-lyuh].

1661. Sunburn.
A queimadura do sol. uh kay$\_ee$-muh-$\overline{DOO}$-ruh doo sawl.

1662. Swelling. O inchaço. oo $\overline{een}$-SHAH-soo.

1663. Tonsilitis.
A inflamação das amígdalas.
uh $\overline{een}$-fluh-muh-$\overline{SAH\_OON}$ duhz uh-MEEG-duh-luhsh.

1664. Toothache.
A dor de dentes. uh dohr dę $\overline{DAYN}$-tęsh.

1665. To vomit. Vomitar. voo-mee-$\overline{TAHR}$.

See also "Accidents," p. 139; "Parts of the Body," p. 140; and "Pharmacy," p. 109.

DENTIST

1666. Can you recommend [a good dentist]?
Pode recomendar [um bom dentista]?
PAW-dę rę-koo-mayn-DAHR [oon bohn dayn-TEESH-tuh]?

1667. I have lost a filling.
Perdi uma obturação dum dente.
pęr-DEE OO-muh ohb-too-ruh-SAH͡_OON doon DAYN-tę.

1668. Can you replace the filling?
Pode fazer outra obturação?
PAW-dę fuh-ZAYR OH-truh ohb-too-ruh-SAH͡_OON?

1669. Can you fix [the bridge] [this denture]?
Pode consertar [a placa] [esta dentadura]?
PAW-dę kohn-sęr-TAHR [uh PLAH-kuh] [EHSH-tuh dayn-tuh-DOO-ruh]?

1670. This [tooth] hurts me.
Doi-me este [dente]. *DOY-mę AYSH-tę [DAYN-tę].*

1671. My gums are sore.
As minhas gengivas estão inflamadas.
uhzh MEE-nyuhzh zhayn-ZHEE-vuhz ęsh-TAH͡_OON een-fluh-MAH-duhsh.

1672. I have [a broken tooth] [a cavity].
Tenho [um dente partido] [uma cavidade].
TAY-nyoo [oon DAYN-tę puhr-TEE-doo] [OO-muh kuh-vee-DAH-dę].

1673. Please give me a [local] [general] anesthetic.
É favor dar-me uma anestesia [local] [geral].
eh fuh-VOHR DAHR-mę OO-muh uh-nęsh-tę-ZEE-uh [loo-KAHL] [zhę-RAHL].

1674. I [do not] want the tooth extracted.
[Não] quero tirar o dente.
[nah͡_oon] KEH-roo tee-RAHR oo DAYN-tę.

1675. Temporary filling.
A obturação temporária.
uh ohb-too-ruh-SAH‿OON tayn-poo-RAH-ree-uh.

ACCIDENTS

1676. There has been an accident.
Houve um acidente.   OH-vę oon uh-see-DAYN-tę.

1677. Get [a doctor] immediately.
Chame [um médico] imediatamente.
SHUH-mę [oon MEH-dee-koo] ee-mę-dee-ah-tuh-MAYN-tę.

1678. —an ambulance.
—uma ambulância.
—OO-muh uhn-boo-LUHN-see-uh.

1679. —a policeman.
—um polícia.
—oon poo-LEE-see-uh.

1680. He has fallen.   Ele caiu.   AY-lę kuh-EE‿OO.

1681. She has fainted.
Ela desmaiou.   EH-luh dęzh-may‿ee-OH.

1682. Do not move [her] [him].
Não [a] [o] mova.   nah‿oon [uh] [oo] MOH-vuh.

1683. [My finger] is bleeding.
[O meu dedo] está sangrando.
[oo may‿oo DAY-doo] ęsh-TAH suhn-GRUHN-doo.

1684. A fracture [of the arm].
Uma fractura [do braço].
OO-muh frah-TOO-ruh [doo BRAH-soo].

1685. I want [to rest] [to sit down] [to lie down].
Quero [descansar] [sentar-me] [deitar-me].
KEH-roo [dęsh-kuhn-SAHR] [sayn-TAHR-mę] [day‿ee-TAHR-mę].

1686. Notify [my husband].
Notifique [meu marido].
noo-tee-FEE-kę [may͜oo muh-REE-doo].

1687. Tourniquet. O torniquete. *oo toor-nee-KAY-tę.*

PARTS OF THE BODY

1688. Ankle. O tornozelo. *oo tohr-noo-ZAY-loo.*

1689. Appendix. O apêndice. *oo uh-PAYN-dee-sę.*

1690. Arm. O braço. *oo BRAH-soo.*

1691. Armpit. O sovaco. *oo soo-VAH-koo.*

1692. Artery. A artéria. *uh uhr-TEH-ree-uh.*

1693. Back. As costas. *uhsh KAWSH-tuhsh.*

1694. Belly. A barriga. *uh buh-RREE-guh.*

1695. Blood. O sangue. *oo SUHN-gę.*

1696. Blood vessel.
O vaso sanguíneo. *oo VAH-zoo suhn-GWEE-nee-oo.*

1697. Body. O corpo. *oo KOHR-poo.*

1698. Bone. O osso. *oo OH-soo.*

1699. Brain. O cérebro. *oo SEH-rę-broo.*

1700. Breasts. Os seios. *oos SAY͜EE-oosh.*

1701. Calf.
A barriga da perna. *uh buh-RREE-guh duh PEHR-nuh.*

1702. Cheek.
A bochecha (OR: A face).
uh boo-SHAY-shuh (OR: uh FAH-sę).

1703. Chest. O peito. *oo PAY͜EE-too.*

1704. Chin. O queixo. *oo KAY͜EE-shoo.*

1705. Collarbone. A clavícula. *uh kluh-VEE-koo-luh.*

PARTS OF THE BODY

1706. Ear.
A orelha (OR: O ouvido).
uh oh-RAY-lyuh (OR: *oo oh-VEE-doo*).

1707. Elbow. O cotovelo. *oo koo-too-VAY-loo.*

1708. Eye. O olho. *oo OH-lyoo.*

1709. Eyelashes. As pestanas. *uhsh pęsh-TUH-nuhsh.*

1710. Eyelid. A pálpebra. *uh PAHL-pę-bruh.*

1711. Face. A face. *uh FAH-sę.*

1712. Finger. O dedo. *oo DAY-doo.*

1713. Fingernail.
A unha do dedo. *uh OO-nyuh doo DAY-doo.*

1714. Foot. O pé. *oo peh.*

1715. Forehead. A testa. *uh TEHSH-tuh.*

1716. Gall bladder. A vesícula. *uh vę-ZEE-koo-luh.*

1717. Genitals.
Os órgãos genitais.
ooz AWR-gah‿oonzh zhę-nee-TAH‿EESH.

1718. Glands. As glândulas. *uhzh GLUHN-doo-luhsh.*

1719. Gums. As gengivas. *uhzh zhayn-ZHEE-vuhsh.*

1720. Hand. A mão. *uh mah‿oon.*

1721. Head. A cabeça. *uh kuh-BAY-suh.*

1722. Heart. O coração. *oo koo-ruh-SAH‿OON.*

1723. Heel. O calcanhar. *oo kahl-kuh-NYAHR.*

1724. Hip. A anca. *uh UHN-kuh.*

1725. Intestines. Os intestinos. *ooz een-tęsh-TEE-noosh.*

1726. Jaw. A mandíbula. *uh muhn-DEE-bo-luh.*

1727. Joint.
A articulação. *uh uhr-tee-koo-luh-SAH‿OON.*

1728. Kidney. O rim. *oo reen.*

PARTS OF THE BODY

1729. Knee. O joelho. *oo zhoo-AY-lyoo.*
1730. Larynx. A laringe. *uh luh-REEN-zhę.*
1731. Leg. A perna. *uh PEHR-nuh.*
1732. Lip. O lábio. *oo LAH-bee-oo.*
1733. Liver. O fígado. *oo FEE-guh-doo.*
1734. Lungs. Os pulmões. *oosh pool-MOYNSH.*
1735. Mouth. A boca. *uh BOH-kuh.*
1736. Muscle. O músculo. *oo MOOSH-koo-loo.*
1737. Nail. A unha. *uh OO-nyuh.*
1738. Navel. O umbigo. *oo oon-BEE-goo.*
1739. Neck. O pescoço. *oo pęsh-KOH-soo.*
1740. Nerve. O nervo. *oo NAYR-voo.*
1741. Nose. O nariz. *oo nuh-REESH.*
1742. Pancreas. O pâncreas. *oo PUHN-krę-uhsh.*
1743. Rib. A costela. *uh koosh-TEH-luh.*
1744. Shoulder. O ombro. *oo OHN-broo.*
1745. Side. O lado. *oo LAH-doo.*
1746. Skin. A pele. *uh PEH-lę.*
1747. Skull. O crânio. *oo KRUH-nee-oo.*
1748. Spine.
A espinha dorsal. *uh ęsh-PEE-nyuh dohr-SAHL.*
1749. Spleen. O baço. *oo BAH-soo.*
1750. Stomach. O estômago. *oo ęsh-TOH-muh-goo.*
1751. Temple. A fonte. *uh FOHN-tę.*
1752. Thigh. A coxa. *uh KOH-shuh.*
1753. Throat. A garganta. *uh guhr-GUHN-tuh.*
1754. Thumb. O polegar. *oo poo-lę-GAHR.*
1755. Toe. O dedo do pé. *oo DAY-doo doo peh.*

1756. Tongue. A língua. *uh LEEN-gwuh.*

1757. Tonsils. As amígdalas. *uhz uh-MEEG-duh-luhsh.*

1758. Vein. A veia. *uh VAY͡_EE-uh.*

1759. Waist. A cintura. *uh seen-TOO-ruh.*

1760. Wrist. O pulso. *oo POOL-soo.*

TIME

1761. What time is it?
Que horas são? *kę AW-ruhs SAH͡_OON?*

1762. Two A.M.
Duas da manhã. *DOO-uhzh duh muh-NYUHN.*

1763. Two P.M. Catorze. *kuh-TOHR-zę.*

1764. It is exactly half-past three.
São exactamente três e meia.
sah͡_oon ee-shah-tuh-MAYN-tę trayz ee MAY͡_EE-uh.

1765. Quarter-past four.
Quatro e um quarto. *KWAH-troo ee oon KWAHR-too.*

1766. Quarter to five.
Um quarto para as cinco.
oon KWAHR-too PUH-ruh uhs SEEN-koo.

1767. At ten minutes to six.
Às dez para as seis. *ahzh dehsh PUH-ruh uhs say͡_eesh.*

1768. At twenty minutes past seven.
Às sete e vinte. *ahs SEH-tę ee VEEN-tę.*

1769. It is [early] [late].
É [cedo] [tarde]. *eh [SAY-doo] [TAHR-dę].*

1770. In the morning. De manhã. *dę muh-NYUHN.*

1771. This afternoon.
Esta tarde. *EHSH-tuh TAHR-dę.*

1772. Tomorrow. Àmanhã. *ah-muh-NYUHN.*

1773. In the evening. À noite. *ah NOY-tę.*

1774. At noon.
Ao meio-dia. *ah‿oo MAY‿EE-oo-DEE-uh.*

1775. Midnight. Meia noite. *MAY‿EE-uh NOY-tę.*

1776. During the day.
Durante o dia. *doo-RUHN-tę oo DEE-uh.*

1777. Every night.
Todas as noites. *TOH-duhz uhzh NOY-tęsh.*

1778. All night.
Toda a noite. *TOH-duh uh NOY-tę.*

1779. Since yesterday.
Desde ontem. *DAYZH-dę OHN-tayn.*

1780. Today. Hoje. *OH-zhę.*

1781. Tonight. Esta noite. *EHSH-tuh NOY-tę.*

1782. Last month.
O mês passado. *oo maysh puh-SAH-doo.*

1783. Last year.
O ano passado. *oo UH-noo puh-SAH-doo.*

1784. Next Sunday.
No próximo domingo. *noo PRAW-see-moo doo-MEEN-goo.*

1785. Next week.
Na próxima semana. *nuh PRAW-see-muh sę-MUH-nuh.*

1786. The day before yesterday.
Anteontem. *uhn-tę-OHN-tayn.*

1787. The day after tomorrow.
Depois de àmanhã. *dę-POYZH dę ah-muh-NYUHN.*

1788. Two weeks ago.
Há duas semanas. *ah DOO-uhs sę-MUH-nuhsh.*

DAYS OF THE WEEK

1789. Sunday. Domingo. *doo-MEEN-goo.*

1790. Monday.
Segunda-feira. *se-GOON-duh-FAY‿EE-ruh.*

1791. Tuesday. Terça-feira. *TAYR-suh-FAY‿EE-ruh.*

1792. Wednesday.
Quarta-feira. *KWAHR-tuh-FAY‿EE-ruh.*

1793. Thursday.
Quinta-feira. *KEEN-tuh-FAY‿EE-ruh.*

1794. Friday. Sexta-feira. *SAYSH-tuh-FAY‿EE-ruh.*

1795. Saturday. Sábado. *SAH-buh-doo.*

HOLIDAYS

1796. Public holiday.
O feriado nacional.
oo fę-ree-AH-doo nuh-see-oo-NAHL.

1797. Merry Christmas.
Feliz Natal. *fę-LEEZH nuh-TAHL.*

1798. Happy Easter.
Feliz Páscoa. *fę-LEESH PAHSH-koo-uh.*

1799. Happy New Year.
Feliz Ano Novo. *fę-LEEZ UH-noo NOH-voo.*

1800. Happy Anniversary.
Feliz aniversário. *fę-LEEZ uh-nee-vęr-SAH-ree-oo.*

DATES, MONTHS AND SEASONS

1801. January. Janeiro. *zhuh-NAY̅_EE-roo.*
1802. February. Fevereiro. *fę-vę-RAY̅_EE-roo.*
1803. March. Março. *MAHR-soo.*
1804. April. Abril. *uh-BREEL.*
1805. May. Maio. *MAY̅_EE-oo.*
1806. June. Junho. *ZHOO-nyoo.*
1807. July. Julho. *ZHOO-lyoo.*
1808. August. Agosto. *uh-GOHSH-too.*
1809. September. Setembro. *sę-TAY̅N-broo.*
1810. October. Outubro. *oh-TOO-broo.*
1811. November. Novembro. *noo-VAY̅N-broo.*
1812. December. Dezembro. *dę-ZAY̅N-broo.*
1813. The spring. A primavera. *uh pree-muh-VEH-ruh.*
1814. The summer. O verão. *oo vę-RAH_OO̅N.*
1815. The autumn. O outono. *oo oh-TOH-noo.*
1816. The winter. O inverno. *oo ee̅n-VEHR-noo.*
1817. Today is the 31st of May, 1978.
Hoje é trinta e um de maio de mil novecentos e setenta e oito.
OH-zhę eh TREE̅N-tuh ee oo̅n dę MAH_EE-oo dę meel naw-vę-SAY̅N-tooz ę sę-TAY̅N-tuh ee OY-too.

WEATHER

1818. How is the weather today?
Como está hoje o tempo?
KAW-moo ęsh-TAH OH-zhę oo TAY̅N-poo?

1819. It looks like rain.
Parece que vai chover.
puh-REH-sę kę vah͜ee shoo-VAYR.

1820. It is [cold] [fair] [warm] [windy].
Está [frio] [bom] [quente] [ventoso].
ęsh-TAH [FREE-oo] [bohn] [K$\overline{AYN}$-tę] [vayn-TOH-zoo].

1821. The weather is clearing.
O tempo está a aclarar.
oo T$\overline{AYN}$-poo ęsh-TAH uh uh-kluh-RAHR.

1822. What a beautiful day!
Que dia lindo! *kę DEE-uh L$\overline{EEN}$-doo!*

1823. I want to sit [in the shade] [in the sun] [in a breeze].
Quero sentar-me [à sombra] [ao sol] [numa brisa].
KEH-roo sayn-TAHR-mę [ah S$\overline{OHN}$-bruh] [ah͜oo sawl] [NOO-muh BREE-zuh].

1824. What is the weather forecast for [tomorrow] [the weekend]?
Que tempo se prevê para [àmanhã] [o fim de semana]?
kę T$\overline{AYN}$-poo sę prę-VAY PUH-ruh [ah-muh-NY$\overline{UHN}$] [oo feen dę sę-MUH-nuh]?

1825. It will snow tomorrow.
Vai nevar àmanhã. *vah͜ee nę-VAHR ah-muh-NY$\overline{UHN}$.*

NUMBERS: CARDINALS

1826. Zero. Zero. *ZEH-roo.*
1827. One. [Um (M.)] [Uma (F.)]. [$\overline{oon}$] [OO-muh].
1828. Two. [Dois (M.)] [Duas (F.)]. [doysh] [DOO-uhsh].
1829. Three. Três. *traysh.*

148 NUMBERS: CARDINALS

1830. Four. Quatro. *KWAH-troo.*

1831. Five. Cinco. *SEEN-koo.*

1832. Six. Seis. *say‿eesh.*

1833. Seven. Sete. *SEH-tę.*

1834. Eight. Oito. *OY-too.*

1835. Nine. Nove. *NAW-vę.*

1836. Ten. Dez. *dehsh.*

1837. Eleven. Onze. *OHN-zę.*

1838. Twelve. Doze. *DOH-zę.*

1839. Thirteen. Treze. *TRAY-zę.*

1840. Fourteen. Catorze. *kuh-TOHR-zę.*

1841. Fifteen. Quinze. *KEEN-zę.*

1842. Sixteen. Dezasseis. *dę-zuh-SAY‿EESH.*

1843. Seventeen. Dezassete. *dę-zuh-SEH-tę.*

1844. Eighteen. Dezóito. *dę-ZOY-too.*

1845. Nineteen. Dezanove. *dę-zuh-NAW-vę.*

1846. Twenty. Vinte. *VEEN-tę.*

1847. Twenty-one. Vinte e um. *VEEN-tę ee oon.*

1848. Twenty-five.
Vinte e cinco. *VEEN-tę ee SEEN-koo.*

1849. Thirty. Trinta. *TREEN-tuh.*

1850. Forty. Quarenta. *kwuh-RAYN-tuh.*

1851. Fifty. Cinquenta. *seen-KWAYN-tuh.*

1852. Sixty. Sessenta. *sę-SAYN-tuh.*

1853. Seventy. Setenta. *sę-TAYN-tuh.*

1854. Eighty. Oitenta. *oy-TAYN-tuh.*

1855. Ninety. Noventa. *noo-VAYN-tuh.*

1856. One hundred. Cem. *sayn.*

1857. One hundred and one.
Cento e um. $\overline{SAYN}$-too ee $\overline{oon}$.
1858. One hundred and ten.
Cento e dez. $\overline{SAYN}$-too ee dehsh.
1859. Two hundred.   Duzentos.   doo-$\overline{ZAYN}$-toosh.
1860. One thousand.   Mil.   meel.
1861. Two thousand.   Dois mil.   doyzh meel.
1862. Three thousand.   Três mil.   trayzh meel.
1863. Four thousand.   Quatro mil.   KWAH-troo meel.
1864. Five thousand.   Cinco mil. $\overline{SEEN}$-koo meel.
1865. One hundred thousand.   Cem mil. $\overline{sayn}$ meel.
1866. One million.   Um milhão. $\overline{oon}$ mee-$\overline{LYAH}$‿$\overline{OON}$.

NUMBERS: ORDINALS

1867. The first.   O primeiro.   oo pree-$\overline{MAY}$‿EE-roo.
1868. The second.   O segundo.   oo sę-$\overline{GOON}$-doo.
1869. The third.   O terceiro.   oo tęr-$\overline{SAY}$‿EE-roo.
1870. The fourth.   O quarto.   oo KWAHR-too.
1871. The fifth.   O quinto.   oo $\overline{KEEN}$-too.
1872. The sixth.   O sexto.   oo SAYSH-too.
1873. The seventh.   O sétimo.   oo SEH-tee-moo.
1874. The eighth.   O oitavo.   oo oy-TAH-voo.
1875. The ninth.   O nono.   oo NOH-noo.
1876. The tenth.   O décimo.   oo DEH-see-moo.
1877. The twentieth.
O vigésimo.   oo vee-ZHEH-zee-moo.

1878. The thirtieth.
O trigésimo. *oo tree-ZHEH-zee-moo.*
1879. The hundredth.
O centésimo. *oo sayn-TEH-zee-moo.*
1880. The thousandth.
o milésimo. *oo mee-LEH-zee-moo.*

QUANTITIES

1881. A fraction.
Uma fracção. *OO-muh frah-SAH͡_OON.*
1882. One quarter.
Um quarto. *oon KWAHR-too.*
1883. One third. Um terço. *oon TAYR-soo.*
1884. One half. A metade. *uh mę-TAH-dę.*
1885. Three quarters.
Três quartos. *traysh KWAHR-toosh.*
1886. The whole. O todo. *oo TOH-doo.*
1887. A pair. Um par. *oon pahr.*
1888. A dozen. Uma dúzia. *OO-muh DOO-zee-uh.*
1889. A few.
[Alguns (M.)] [Algumas (F.)].
[*ahl-GOONSH*] [*ahl-GOO-muhsh*].
1890. Several.
[Vários (M.)] [Várias (F.)].
[*VAH-ree-oosh*] [*VAH-ree-uhsh*].
1891. Many.
[Muitos (M.)] [Muitas (F.)].
[*MOO͡_EEN-toosh*] [*MOO͡_EEN-tuhsh*].

FAMILY

1892. Wife.
A espôsa (OR: A mulher).
uh esh-POH-zuh (OR: *uh moo-LYEHR*).

1893. Husband. O marido. *oo muh-REE-doo.*

1894. Mother. A mãe. *uh mayn.*

1895. Father. O pai. *oo pah‿ee.*

1896. Grandmother. A avó. *uh uh-VAW.*

1897. Grandfather. O avô. *oo uh-VOH.*

1898. Daughter. A filha. *uh FEE-lyuh.*

1899. Son. O filho. *oo FEE-lyoo.*

1900. Sister. A irmã. *uh eer-MUHN.*

1901. Brother. O irmão. *oo eer-MAH‿OON.*

1902. Aunt. A tia. *uh TEE-uh.*

1903. Uncle. O tio. *oo TEE-oo.*

1904. Niece. A sobrinha. *uh soo-BREE-nyuh.*

1905. Nephew. O sobrinho. *oo soo-BREE-nyoo.*

1906. Cousin.
[O primo (M.)] [A prima (F.)].
[*oo PREE-moo*] [*uh PREE-muh*].

1907. Relative. O parente. *oo puh-RAYN-te.*

1908. Father-in-law. O sogro. *oo SOH-groo.*

1909. Mother-in-law. A sogra. *uh SAW-gruh.*

1910. Adults. Os adultos. *ooz uh-DOOL-toosh.*

1911. Children. As crianças. *uhsh kree-UHN-suhsh.*

COMMON SIGNS AND PUBLIC NOTICES

1912. À [direita] [esquerda].
ah [dee-RAY͞_EE-tuh] [e̢sh-KAYR-duh].
To the [right] [left].

1913. À venda aqui.   ah VA͞YN-duh uh-KEE.
For sale here.

1914. Aberto das nove às vinte (OR: **às oito da noite**).
uh-BEHR-too duhzh NAW-ve̢ ahzh VE͞EN-te̢ (OR: ahz O͞Y-too duh NO͞Y-te̢).
Open from 9 A.M. to 8 P.M.

1915. Admissão (livre).   uhd-mee-SAH͞_O͞ON (LEE-vre̢).
(Free) admission.

1916. Advertência (OR: **Prevenção**).
uhd-ver-TA͞YN-see-uh (OR: pre̢-vayn-SAH͞_O͞ON).
Warning.

1917. Almoço.   ahl-MOH-soo.   Lunch.

1918. Aluga-se (OR: **Arrenda-se**).
uh-LOO-guh-se̢ (OR: uh-RRA͞YN-duh-se̢).
For hire (OR: rent).

1919. Ande com cuidado.
U͞HN-de̢ kohn kwee-DAH-doo.
Watch your step.

1920. Ar condicionado.   ahr ko͞hn-dee-see-oo-NAH-doo.
Air conditioned.

1921. Atenção.   uh-tayn-SAH͞_O͞ON.   Attention.

1922. Avisos.   uh-VEE-zoosh.   Notices.

1923. Biblioteca.   bee-blee-oo-TEH-kuh.   Library.

1924. Bilheteira.   bee-lye̢-TAY͞_EE-ruh.   Ticket office.

COMMON SIGNS AND PUBLIC NOTICES 153

1925. Caixa de correio.
KAY͜_EE-shuh dę koo-RRAY͜_EE-oo.
Mail box.

1926. Câmara municipal.
KUH-muh-ruh moo-nee-see-PAHL.
City hall.

1927. Casa para alugar.
KAH-zuh PUH-ruh uh-loo-GAHR.
House for rent.

1928. Cavalheiros. *kuh-vuh-LYAY͜_EE-roosh.*
Gentlemen.

1929. Cemitério. *sę-mee-TEH-ree-oo.* Cemetery.

1930. Clínica. *KLEE-nee-kuh.* Clinic.

1931. Cuidado com o cão.
kwee-DAH-doo kohn oo kah͜_oon.
Beware of the dog.

1932. Descida. *dę-SEE-duh.* Down.

1933. Elevador. *ee-lę-vuh-DOHR.* Elevator.

1934. Empurrar (OR: **Empurre**).
ayn-poo-RRAHR (OR: *ayn-POO-rrę*).
Push.

1935. Entrada. *ayn-TRAH-duh.* Entrance.

1936. Entre. *AYN-trę.* Enter.

1937. Escadas. *ęsh-KAH-duhsh.* Stairs.

1938. Escola comercial. *ęsh-KAW-luh koo-męr-see-AHL.*
Business school.

1939. Estação de caminhos de ferro.
ęsh-tuh-SAH͜_OON dę kuh-MEE-nyoozh dę FEH-rroo.
Railroad station.

154 COMMON SIGNS AND PUBLIC NOTICES

1940. Estrada particular.
ęsh-TRAH-duh puhr-tee-koo-LAHR.
Private road.

1941. Fábrica. FAH-bree-kuh. Factory.

1942. Fechado aos domingos e feriados.
fę-SHAH-doo ah‿oozh doo-MEEN-gooz ee fę-ree-AH-doosh.
Closed on Sundays and holidays.

1943. Fechado das vinte às nove.
fę-SHAH-doo duhzh V̄EEN-tę ahzh NAW-vę.
Closed from 8 P.M. to 9 A.M.

1944. Fechado para férias.
fę-SHAH-doo PUH-ruh FEH-ree-uhsh.
Closed for vacation.

1945. Frio. FREE-oo. Cold.

1946. Homens. AW-maynsh. Men.

1947. Hospital. ohsh-pee-TAHL. Hospital.

1948. Informação. een-fohr-muh-S̄AH‿OON.
Information.

1949. Lavatórios. luh-vuh-TAW-ree-oosh.
Washrooms.

1950. Livre. LEE-vrę. Free.

1951. Não dê comida aos animais.
nah‿oon day koo-MEE-duh ah‿ooz uh-nee-MAH‿EESH.
Do not feed the animals.

1952. Não fazer barulho (OR: **Silêncio**).
nah‿oon fuh-ZAYR buh-ROO-lyoo (OR: see-L̄AYN-see-oo).
Quiet.

1953. Não há espectáculo.
nah‿oon ah ęsh-peh-TAH-koo-loo.
No performance.

COMMON SIGNS AND PUBLIC NOTICES 155

1954. Não pisar a relva.
nah͜ oon pee-ZAHR uh REHL-vuh.
Keep off the grass.

1955. Ocupado. *oh-koo-PAH-doo.* Occupied.

1956. Para os combóios. *PUH-ruh oosh kohn-BOY-oosh.*
To the trains.

1957. Paragem de autocarro.
puh-RAH-zhayn dę ah͜ oo-too-KAH-rroo.
Bus stop.

1958. Partida. *puhr-TEE-duh.* Departure.

1959. Pechincha. *pę-SHEEN-shuh.* Bargain.

1960. (Só) peões. *(saw) pę-OYNSH.* Pedestrians (only).

1961. Perigo. *pę-REE-goo.* Danger.

1962. Pintado de fresco. *peen-TAH-doo dę FRAYSH-koo.*
Wet paint.

1963. Polícia. *poo-LEE-see-uh.* Police.

1964. Porteiro. *poor-TAY͜ EE-roo.* Janitor.

1965. Praça de táxis. *PRAH-suh dę TAH-kseesh.*
Taxi stand.

1966. Proibido. *proo-ee-BEE-doo.* Forbidden.

1967. Proibida a entrada (excepto em serviço).
proo-ee-BEE-uh uh ayn-TRAH-duh (ęsh-SEH-too ayn sęr-VEE-soo).
No admittance (except on business).

1968. Proibido banhar. *proo-ee-BEE-doo buh-NYAHR.*
No swimming.

1969. Proibido cuspir. *proo-ee-BEE-doo koosh-PEER.*
No spitting.

156 COMMON SIGNS AND PUBLIC NOTICES

1970. Proibido fixar cartazes.
proo-ee-BEE-doo fee-KSAHR kuhr-TAH-zęsh.
Post no bills.

1971. Proibido fumar. *proo-ee-BEE-doo foo-MAHR.*
No smoking.

1972. Proibido trespassar.
proo-ee-BEE-doo tręsh-puh-SAHR.
No trespassing.

1973. Propriedade particular.
proo-pree-ę-DAH-dę puhr-tee-koo-LAHR.
Private property.

1974. Puxar (OR: **Puxe**). *poo-SHAHR* (OR: *POO-shę*).
Pull.

1975. Quartos mobilados alugam-se.
KWAHR-toozh moo-bee-LAH-dooz uh-LOO-gah͡oon-sę.
Furnished rooms for rent.

1976. Quente. *KA͞YN-tę.* Hot.

1977. Refrescos. *rę-FRAYSH-koosh.* Refreshments.

1978. Reservado. *rę-zęr-VAH-doo.* Reserved.

1979. Saída [de emergência].
suh-EE-duh [dę ee-męr-ZHA͞YN-see-uh].
[Emergency] exit.

1980. Sala de espera. *SAH-luh dę ęsh-PEH-ruh.*
Waiting room.

1981. Sala de fumar. *SAH-luh dę foo-MAHR.* Smoker.

1982. Sala de jantar. *SAH-luh dę zhuhn-TAHR.*
Dining room.

1983. Senhoras. *sę-NYOH-ruhsh.* Ladies.

1984. Sessões contínuas.
sę-SO͞YNSH kohn-TEE-noo-uhsh.
Continuous performances.

COMMON SIGNS AND PUBLIC NOTICES 157

1985. Sirva-se. *SEER-vuh-sę.* Self-service.

1986. Só empregados. *saw ayn-prę-GAH-doosh.*
Employees only.

1987. Subida. *soo-BEE-duh.* Up.

1988. Toque a campainha.
TAW-kę uh kuhn-puh-EE-nyuh.
Ring the bell.

1989. Trabalhos. *truh-BAH-lyoosh.* Men at work.

1990. Vagão para fumadores.
vah-GAH͡_OON PUH-ruh foo-muh-DOH-ręsh.
Smoking car.

1991. Vagão-restaurante.
vah-GAH͡_OON-ręsh-tah͡_oo-RUHN-tę.
Dining car.

1992. Vago. *VAH-goo.* Vacant.

1993. Venda. *VAYN-duh.* Sale.

1994. Venda por atacado.
VAYN-duh poor uh-tuh-KAH-doo.
Wholesale.

1995. Vende-se. *VAYN-dę-sę.* For sale.

1996. Voltarei às treze (OR: **à uma da tarde**).
vohl-tuh-RAY͡_EE ahsh TRAY-zę (OR: *ah OO-muh duh TAHR-dę*).
Will return at 1 P.M.

INDEX

All the sentences, words and phrases in this book are numbered consecutively from 1 to 1996. The entries in this index refer to these numbers. In addition, each major subject heading (capitalized) is indexed according to page number. Parts of speech are indicated (where there might be confusion) by the following italic abbreviations: *adj.* for adjective, *adv.* for adverb, *n.* for noun, *prep.* for preposition, *pron.* for pronoun and *v.* for verb. Parentheses are used for explanations.

Because of the already large extent of the indexed material, cross-indexing has generally been avoided. Phrases or groups of two or more words will be found under only one of their components (e.g., "hand brake" only under "hand," even though there is a separate entry for "brake" alone). If you do not find a phrase under one of its words, try another.

Every English word or phrase in the index is followed by its Portuguese equivalent, which is usually given in its dictionary form (the singular of nouns, the masculine singular of demonstrative pronouns and adjectives, and the infinitive of verbs). Thus, in effect, the reader is provided with a basic English–Portuguese glossary of up-to-the-minute language. Naturally, an acquaintance with Portuguese grammar is desirable for making the best use of this index, but it is not necessary, as the index is designed to be a productive tool for speakers at all levels of proficiency. To assist in using the correct forms of words in sentences of your own making, the index lists not only the first numbered sentence in which each word occurs, but also all the sentences in which the basic form is significantly altered.

Thus, for example, under "want" (infinitive *querer*),

sentences 56, 119, 256 and 492 are listed. These sentences (in numerical order) provide the forms *quer* (you [formal, singular] want), *quero* (I want), *queremos* (we want) and *queria* (I [would] want)—in other words, all the different forms of *querer* that happen to appear in this book. Invariable words are indexed only under their first appearance, and only one appearance of each variation is given, so that there are no unnecessary duplicate listings. The beginner would do well to look at all the sentences listed for a word in order to become familiar with the range of variations and the different shades of meaning of all the Portuguese equivalents listed for a single English entry.

It is of course not the purpose of the present book to give all the possible grammatical variations and nuances in meaning—you will need a Portuguese grammar and dictionary for that. But it will give you the proper form to look up in the dictionary, where you will find further information.

Where a numbered sentence contains a choice of Portuguese equivalents (e.g., sentence 1, which gives *olá* and *alô* for "hello"), usually only the first choice has been included in the index. Always remember to refer back to the numbered sentences for more information.

INDEX

abscess: *abcesso* 1621
accelerator: *acelerador* 402
acceptable: *aceitável* 1171
accident: *acidente* 1676
ACCIDENTS, p. 139
across (*prep.*): *do outro lado de* 194
adaptor: *adaptador* 628
additional: *adicional* 1178
address: *endereço* 79
adhesive (tape): *adesivo* 1313
adjust: *afinar* 392; *ajustar* 1451
admission (charge): *admissão* 1915; *entrada* 1041
admittance: *entrada* 1967
adult: *adulto* 1910
advance, in: *adiantado* 964
after (*prep.*): *depois de* 1603
afternoon: *tarde* 3
again: *outra vez* 526
ago: *há* 1788
AILMENTS, p. 135
air conditioned: *com ar condicionado* 552
air filter: *filtro do ar* 403
airline: *linha aérea* 175
airmail: *via aérea* 493
AIRPLANE, p. 22
airport: *aeroporto* 249
aisle: *coxia* 261
alarm clock: *despertador* 642

alcohol: *álcool* 404
all (everything): *tudo* 1124; — right: *muito bem* 17
allergic: *alérgico* 1588
allergy: *alergia* 1622
allow: *permitir* 13, 258
almond: *amêndoa* 912
alone: *só* 131
along (*prep.*): *ao longo de* 195
altar: *altar* 944
alteration: *alteração* 1160; *modificação* 1459
aluminum: *alumínio* 1254
A.M.: *da manhã* 1762
ambulance: *ambulância* 1678
American: *americano* 78
analgesic: *analgésico* 1314
anchovy: *anchova* 860
and: *e* 965
anesthetic: *anestésico* 1607
angry: *zangado* 96
animal: *animal* 1951
ankle: *tornozelo* 1688
anniversary: *aniversário* 1800
announcement: *anúncio* 270
another: *outro* 619
answer (*v.*): *responder* 109, 519
antibiotic: *antibiótico* 1306
antifreeze: *anti-congelante* 405

antique: *antigo* 1154
antiseptic: *anti-séptico* 1316
anyone: *alguem* 99
apartment: *apartamento* 634; — house: *edifício de apartamentos* 198; *prédio de apartamentos* 215
APARTMENT: USEFUL WORDS, p. 58
appendicitis attack: *ataque de apendicite* 1623
appendix: *apêndice* 1689
appetite: *apetite* 783
apple: *maçã* 921
appointment: *marcação* 1475
approach (*n.*): *acesso* 366
apricot: *alperche* 910
April: *Abril* 1804
archeology: *arqueologia* 976
architecture: *arquitectura* 975
arm: *braço* 1684
armpit: *sovaco* 1691
around (*prep.*): *à volta de* 213
arrive: *chegar* 57, 269, 281
art: *arte* 980
artery: *artéria* 1692
artichoke: *alcachofra* 887
article: *artigo* 1179
artificial sweetener: *sacarina* 800

artist's materials: *materiais para artistas* 1493
ashore, go: *desembarcar* 226
ashtray: *cinzeiro* 643
asparagus: *espargos* 898
at: *a* 204; *em* 226
attention: *atenção* 1921
August: *Agosto* 1808
aunt: *tia* 1902
auto: *automóvel* 1494
AUTO: DIRECTIONS, p. 33
AUTO: GAS STATION, p. 36
AUTO: HELP ON THE ROAD, p. 35
automatic: *automático* 480
autumn: *outono* 1815
avenue: *avenida* 196
avoid: *fugir a* 364
axle: *eixo* 406
Azores: *Açores* 245

baby: *bebé* 1562; — food: *alimentos para bebé* 1567
BABY CARE, p. 130
back (*n.*): *costas* 1581
bacon: *toucinho* 812
bag: *saco* 1338; (suitcase): *mala* 146
BAGGAGE, p. 13
baggage: *bagagem* 140; — checkroom: *depósito da bagagem* 291

INDEX

baked: *cozido no forno* 749
bakery: *padaria* 1496
balcony: (of room): *varanda* 563; (theater): *balcão* 1009
ballet: *bailado* 1019
ballpoint pen: *esferográfica* 1294
banana: *banana* 914
bandage: *ligadura* 1318
Band-Aid: *penso adesivo* 1317
bank: *banco* 1497; — draft: *cheque bancário* 1105
BANK AND MONEY, p. 94
BARBER SHOP, p. 122
bargain (*n.*): *pechincha* 1959
BASIC QUESTIONS, p. 4
basket: *cesto* 1404
basketball: *basquetebol* 1057
bass (fish): *perca* 878
bath (room): *banho* 559; — mat: *esteira para o banho* 622; — oil: *óleo para banho* 1319; — salts: *sais para banho* 1320
bathing cap: *touca de banho* 1182
bathing suit: *fato de banho* 1183
bathtub: *banheira* 644

battery: *bateria* 390
be: *estar* 36, 84, 95, 343, 605; *ser* 53, 75, 146
beach: *praia* 1068
bean: *feijão* 900
beard: *barba* 1473
beautiful: *bonito* 991; *lindo* 1822
BEAUTY PARLOR, p. 123
bed, double: *cama de casal* 558
bedroom compartment: *compartimento-cama* 307
beef: *bife* 834
beer: *cerveja* 695
before (*prep.*): *antes de* 1603
begin: *começar* 1005, 1593; *principiar* 1017
behind (*prep.*): *atrás de* 209
bellhop: *mandarete* 598
belly: *barriga* 1694
belong: *pertencer* 159
belt: *cinto* 1185
Berlin: *Berlim* 516
berth: *cama* 292
beside (*prep.*): *ao lado de* 206
best: *o melhor* 43
better: *melhor* 572
between (*prep.*): *entre* 196
BEVERAGES AND BREAKFAST FOODS, p. 72

INDEX

beware: *cuidado* 1931
beyond (*prep.*): *para além de* 197
bib: *babete* 1569
bicarbonate of soda: *bicarbonato de soda* 1321
bicycle: *bicicleta* 353
bill (banknote): *nota* 1109; (check): *conta* 610; (*v.*): *debitar* 518
birthday: *aniversário* 44
bite (*n.*): *mordedura* 1624
black: *preto* 163
blanket: *cobertor* 619
bleed: *sangrar* 1683
blister: *bolha* 1625
block (of houses): *quarteirão* 199
blood: *sangue* 1695; — vessel: *vaso sanguíneo* 1696
blouse: *blusa* 1184
blue: *azul* 1241
board (*n.*, boat): *bordo* 223; (*v.*): *embarcar* 264
boarding house: *pensão* 539
boarding pass: *passe de embarque* 271
BOAT, p. 20
body: *corpo* 1697
boil (*n.*): *furúnculo* 1626
boiled: *cozido* 750
bolt: *parafuso com porca* 408
bone: *osso* 1698

bon voyage: *boa viagem* 224
book (*n.*): *livro* 954; (*v.*): *inscrever* 964
bookshop: *livraria* 1500
BOOKSHOP, STATIONER, NEWSDEALER, p. 107
boot: *bota* 1186
bored: *aborrecido* 995
boric acid: *ácido bórico* 1322
botanical garden: *jardim botânico* 989
bother (*v.*): *incomodar* 19
bottle (baby): *biberon* 1571
bottle opener: *abridor de garrafas* 645
boulevard: *bulevar* 195
box (theater): *camarote* 1010; — office: *bilheteira* 1020
boy: *rapaz* 70; — friend: *namorado* 50
bracelet: *bracelete* 1187
brain: *cérebro* 1699
brains (food): *miolos* 849
brake: *freio* 392
brand: *marca* 1423
brandy: *brandi* 684
brass: *latão* 1255
brassiere: *soutien* 1188
bread: *pão* 728
breaded: *panado* 751
break (*v.*): *quebrar* 1150

INDEX

breakfast: *pequeno almoço* 568; *primeiro almoço* 704
breasts: *seios* 1700
breeze: *brisa* 1823
bridge: *ponte* 194; (card game): *bridge* 1065; (teeth) *placa* 1669
briefs: *cuecas curtas* 1189
bring: *trazer* 588
broken: *quebrado* 614; (tooth): *partido* 1672; — down: *avariado* 1377
broom: *vassoura* 646
brother: *irmão* 1901
brown: *castanho* 1242
bruise: *contusão* 1627
buffet car: *bufete* 293
building: *edifício* 209
bullfight: *tourada* 1040
bumper: *pára-choques* 411
bunch: *molho* 1123
burn (n.): *queimadura* 1628
burned: *queimado* 764
bus: *autocarro* 251; — stop: *paragem de autocarro* 321
BUS, SUBWAY, STREETCAR, p. 28
business (adj.): *comercial* 1938; (n.): *negócios* 84
businessman: *negociante* 80
busy: *ocupado* 90
butcher shop: *talho* 1501

butter: *manteiga* 729
button: *botão* 1190
buy: *comprar* 152, 502
by (next to): *junto de* 711

cabbage: *repolho* 907
cabin: *cabine* 235; — steward: *camaroteiro* 241
cablegram: *cabograma* 507
CAFÉ AND BAR, p. 61
cake: *bolo* 935
calf (of leg): *barriga da perna* 1701
call (n.): *chamada* 602; (v.): *chamar* 266, 534, 603; (on telephone): *telefonar* 514
camera: *máquina* 1390
CAMERA SHOP AND PHOTOGRAPHY, p. 116
camp (v.): *acampar* 1082
campsite: *parque de campismo* 1081
can (be able): *poder* 94, 120, 157, 187
cancel: *cancelar* 243
candle: *vela* 624
candy: *bombons* 1405
candy shop: *confeitaria* 1502
cane: *bengala* 1191
can opener: *abridor de latas* 647
cantaloupe: *meloa* 925

cap: *boné* 1192
captain: *comandante* 239
car: *carro* 339
caramel custard: *pudim flan* 939
carbon paper: *papel químico* 1292
carburetor: *carburador* 412
card: *cartão* 142
cards (playing): *cartas* 1058
careful, be: *ter cuidado* 32
carefully: *com cuidado* 1175
carrot: *cenoura* 893
carry: *levar* 165, 167
cashier: *caixa* 611
castle: *castelo* 986
cathedral: *catedral* 983
Catholic: *católico* 945
catsup: *molho de tomate* 785
cauliflower: *couve-flor* 896
cavity: *cavidade* 1672
celery: *aipo* 886
cemetery: *cemitério* 1929
center: *centro* 180
centigrade: *centígrado* 1384
ceramics: *faiança* 1266
cereal (cooked): *papa de cereal* 810; (dry): *flocos de cereal* 809
chair: *cadeira* 225
CHAMBERMAID, p. 56
chambermaid: *criada* 589; *criada de quarto* 596
champagne: *champanhe* 696

change (n.): *troco* 330; (v.): *mudar* 317, 382; (exchange): *trocar* 775, 1101
charge (n.): *custo* 509; *despesa* 1043; (on bill): *verba* 781
chassis: *chassi* 413
cheap: *barato* 1126
cheaper: *mais barato* 573
check (n.): *cheque* 1103; (bill): *contra* 777; (v.): *verificar* 387; (luggage): *despachar* 157
checkers: *damas* 1064
checkroom: *bengaleiro* 1503
cheek: *bochecha* 1702
cheese: *queijo* 940
cherry: *cereja* 916
chess: *xadrez* 1063
chest (body): *peito* 1703
chest of drawers: *cómoda* 649
chestnut: *castanha* 915
chewing gum: *pastilhas elásticas* 1323
chic: *chique* 1133
chicken: *frango* 846; — and rice soup: *canja* 821
chicken pox: *bexigas doidas* 1629
chick-peas: *grãos* 901
child: *criança* 1504
chill (n.): *arrepio* 1630
chin: *queixo* 1704

INDEX

china: *louça* 1267
chocolate: *chocolate* 802
choke (n.): *estrangulador do ar* 414
chopped: *picado* 752
chops: *costeletas* 842
choral: *coral* 946
chowder: *caldeirada* 864
Christmas: *Natal* 1797
church: *igreja* 945
cigar: *charuto* 1422; — store: *tabacaria* 1421
cigarette: *cigarro* 1423
CIGAR STORE, p. 118
circus: *circo* 1021
citizen: *cidadão* 78
city: *cidade* 220; — hall: *câmara municipal* 1926
clam: *ameijoa* 859
class: *classe* 256
clean (adj.): *limpo* 771; (v.): *limpar* 391
cleaning fluid: *líquido de tirar nódoas* 1324
cleansing tissues: *Kleenex* 1325
clear (v., weather): *aclarar* 1821
clerk: *empregado* 1302
clinic: *clínica* 1930
clip (hair): *gancho* 1344
clock: *relógio* 650
close (adv.): *perto* 544; (v.): *fechar* 273, 285

closed: *fechado* 1942
closet: *armário* 651
clothing: *roupas* 149; — store: *loja de confecções* 1504
CLOTHING AND ACCESSORIES, p. 102
clutch (n.): *embreagem* 415
coat: *casaco* 1193
coathanger: *cabide* 625
cocktail: *coquetel* 680
cod: *bacalhau* 863
coffee: *café* 795
cognac: *conhaque* 683
colic: *cólica* 1570
cold (adj.): *frio* 615; — cream: *creme para o rosto* 1326; be —: *estar com frio* 89
cold (n., ailment): *constipação* 1631
collar: *colarinho* 1194
collarbone: *clavícula* 1705
collection plate: *bandeja da colecta* 947
collision: *colisão* 346
cologne: *água de colónia* 1327
color: *côr* 1140
COLORS, p. 105
comb (n.): *pente* 1328; (v.): *pentear* 1476
come: *vir* 23, 1598; — back: *voltar* 25; — in: *entrar* 22

INDEX

COMMON SIGNS AND PUBLIC NOTICES, p. 152

communion: *comunhão* 948

compact (*n.*): *caixa de pós de arroz* 1329

concert: *concerto* 1022

condiments: *condimentos* 784

conductor: *condutor* 289

confession: *confissão* 949

confirm: *confirmar* 248

congratulations: *parabens* 42

connection: *ligação* 528

consommé: *caldo* 819

constipation: *prisão de ventre* 1632

contagious: *contagioso* 1594

contain: *conter* 498

continuous: *contínuo* 1984

contraceptive: *contraceptivo* 1330

contribution: *donativo* 950

convalescence: *convalescença* 1608

cook (*n.*): *cozinheiro* 652

cookie: *biscoito* 934

cooking (*n.*): *cozinha* 1084

copper: *cobre* 1256

cork: *rolha* 653

corkscrew: *saca-rolhas* 654

corner (room): *canto* 712; (street): *esquina* 191

corn pad: *almofada para calos* 1331

cosmetics: *cosméticos* 1505

cost (*v.*): *custar* 313

cotton: *algodão* 1260; absorbent —: *algodão hidrófilo* 1332

cough (*n.*): *tosse* 1634; — syrup: *xarope para tosse* 1333

country (out of city): *campo* 221

cousin: *primo* 1906

cover (include): *incluir* 344

cover charge: *coberta* 1042

crab: *caranguejo* 867

crafts: *artesanato* 980

cramp: *cãibra* 1635

cream: *creme* 798

credit, letter of: *carta de crédito* 1107

credit card: *cartão de crédito* 1106

credit memo: *nota de crédito* 1176

crib: *berço* 1563

cry (*v.*): *chorar* 1564

crystal: *cristal* 1268

cube: *cubo* 594

cucumber: *pepino* 904

cufflinks: *botões de punho* 1195

cup: *chávena* 730

cure (*n.*): *cura* 1609

INDEX

curl (n.): *caracol* 1483
curtains: *cortinas* 655
cushion: *almofada* 656
custard: *leite creme* 938
customary: *normal* 174
CUSTOMS, p. 12
customs office: *alfândega* 139
cut (n.): *golpe* 1636; (v.): *cortar* 1467
cylinder: *cilindro* 416

dacron: *dácron* 1261
Danish pastry: *pastéis* 805
dance (n.): *dança* 1046; (v.): *dançar* 1045, 1047
danger: *perigo* 1961
dark: *escuro* 804; *preto* 695
date (appointment): *encontro* 48; (fruit): *tâmara* 930
DATES, MONTHS AND SEASONS, p. 146
daughter: *filha* 1898
day: *dia* 2; — after tomorrow: *depois de àmanhã* 1787; — before yesterday: *anteontem* 1786
DAYS OF THE WEEK, p. 145
December: *Dezembro* 1812
decide: *decidir* 1162
deck: *convés* 225
declare (customs): *declarar* 150

delicatessen: *loja de enchidos* 1507
delivery: *entrega* 1177
DENTIST, p. 138
dentist: *dentista* 1508
denture: *dentadura* 1669
deodorant: *desodorante* 1334
department store: *armazém* 1509
departure: *partida* 1958
depilatory: *depilatório* 1335
DESSERTS, p. 80
develop (v., film): *revelar* 1392
dial (n.): *mostrador* 349; (v., telephone number): *marcar* 512, 516
diaper: *fralda* 1561; — rash: *fogagem das fraldas* 1565
diarrhoea: *diarréia* 1637
dictionary: *dicionário* 1278
diet: *dieta* 1610
differential: *diferencial* 417
DIFFICULTIES AND MISUNDERSTANDINGS, p. 10
dine: *jantar* 716
dining car: *vagão-restaurante* 309
dining-room steward: *dispenseiro de sala de jantar* 242

dinner: *jantar* 227; — jacket: *smoking* 1203
direct: *directo* 252
direction: *direcção* 188
directional signal: *indicador de direcção* 418
disappointed: *desapontado* 92
discotheque: *discoteca* 1055
discount: *desconto* 1129
dish: *prato* 640
dishwasher: *máquina de lavar louça* 657
disinfectant: *desinfectante* 1336
disposable: *descartável* 1571
disturb: *incomodar* 283, 591
ditch: *valeta* 383
do: *fazer* 54, 66
dock: *doca* 234
doctor: *doutor* 1577; *médico* 1677
dog: *cão* 1931
doll: *boneca* 1406
door: *porta* 285
doorbell: *campainha da porta* 658
doorman: *porteiro* 612
down: *em baixo* 211; (on sign): *descida* 1932
downstairs: *em baixo* 585
dozen: *dúzia* 1279
draft (*adj.*, beer): *de pressão* 695

dress (*n.*): *vestido* 1196
dressing (salad): *molho* 832
dressmaker: *modista* 1510
drink (*n.*): *bebida* 693; (*v.*): *beber* 680
driver: *motorista* 319
driver's license: *carta de condução* 340
drop (*n.*): *gota* 1361
drugstore: *drogaria* 1511
DRUGSTORE ITEMS, p. 110
dry (*adj.*): *seco* 761
dry-clean (*v.*): *limpar a seco* 1441
dry cleaners: *tinturaria* 1512
dry cleaning: *lavagem a seco* 1435
dryer: *secador* 659
duck: *pato* 850
during: *durante* 1776
duty (fee): *direitos* 155
dye (*v.*): *tingir* 1481
dysentery: *disenteria* 1638

ear: *orelha* 1706
earache: *dor de ouvidos* 1639
early: *cedo* 26
ear plug: *tampão para os ouvidos* 1337
earrings: *brincos* 1197
east: *leste* 182
Easter: *Páscoa* 1798

easy: *fácil* 362
eat: *comer* 718
economy (adj.): *económico* 256
eel (large): *enguia* 869; (small): *eiró* 868
egg: *ovo* 815
eight: *oito* 590
eighteen: *dezóito* 1844
eighth: *oitavo* 1874
eighty: *oitenta* 1854
elastic: *elástico* 1185
elbow: *cotovelo* 1707
electrical appliance: *utensílio eléctrico* 628
electrical supplies: *artigos eléctricos* 1513
electrical system: *instalação eléctrica* 420
elevator: *elevador* 583
eleven: *onze* 1837
embassy: *embaixada* 116
embroidery: *bordados* 1407
emergency brake: *freio de emergência* 410
employee: *empregado* 1986
employment agency: *agência de empregos* 1514
end (v.): *acabar* 1017
enema bag: *saco para clister* 1338
engine: *motor* 421
English: *inglês* 97

enjoy: *gostar de* 1018; (oneself): *divertir-se* 49, 994
enlarge: *ampliar* 1393
enough: *bastante* 770
enter: *entrar* 1936
ENTERTAINMENTS, p. 86
entrance: *entrada* 204
envelope: *envelope* 1279
epidemic: *epidemia* 1640
Epsom salts: *sais de Epsom* 1339
equipment: *equipagem* 1071
eraser: *borracha de apagar* 1280
escalator: *escada eléctrica* 212
evening: *noite* 4
every: *todos os* 1777
EVERYDAY PHRASES, p. 1
everyone: *toda a gente* 1018
everything: *tudo* 147
exactly: *exactamente* 1764
excellent: *excelente* 782
excess (weight): *excesso* 259
exchange (v.): *trocar* 1181
excursion: *excursão* 963
excuse me: *desculpe-me* 14
exhaust pipe: *tubo de escape* 422
exit: *saída* 214

expect: *esperar* 602
expensive: *caro* 1125
explain: *explicar* 349
export (*n.*): *exportação* 1175
expressway: *auto-estrada* 367
exterior (*n.*): *exterior* 423
external: *externo* 1312
eyebrows: *sobrancelhas* 1473
eye cup: *cálice para banhar os olhos* 1340
eyelashes: *pestanas* 1709
eyelid: *pálpebra* 1710
eye wash: *banho para os olhos* 1341

face: *face* 1711; — powder: *pó de arroz* 1364
facial (*n.*): *massagem facial* 1484
factory: *fábrica* 216
faint (*v.*): *desmaiar* 1681
fair (weather): *bom* 1820
fall (*v.*): *cair* 1680
familiar, be: *ter experiência* 348
FAMILY, p. 151
fan belt: *correia de ventoinha* 425
far: *longe* 186; how —: *a que distância* 63
fare: *passagem* 313
fast (*adj.*, watch): *adiantado* 1445

fasten: *apertar* 267; (together): *juntar* 1456
father: *pai* 1895
father-in-law: *sogro* 1908
fatty: *gorduroso* 740
fault: *culpa* 127
February: *Fevereiro* 1802
feel: *sentir* 229, 1593
fender: *guarda-lama* 426
ferry: *barco de travessia* 233
fever: *febre* 1642
few, a: *uns* 161
fiction: *ficção* 1281
fifteen: *quinze* 79
fifth: *quinto* 1871
fifty: *cinquenta* 501
fig: *figo* 917
fill (prescription): *aviar* 1303; — out, up: *encher* 547, 386
filling (tooth): *obturação* 1667
film: *filme* 1390
find (*v.*): *achar* 123; *encontrar* 158
fine arts: *belas artes* 999
finger: *dedo* 1712
fingernail: *unha do dedo* 1713
finish (*v.*): *acabar* 156
fire: *fogo* 136
firewood: *lenha* 1095
first: *primeiro* 228; — gear; *primeira* 431

INDEX

fish: *peixe* 721
FISH AND SEAFOOD, p. 76
fishing, go: *ir a pescar* 1074; — tackle: *petrechos de pesca* 1072
fit (v.): *servir* 1143
fitting room: *quarto das provas* 1141
five: *cinco* 335
fix: *arranjar* 1449; *consertar* 1669
flashbulb: *lâmpada de flash* 1398
flashlight: *lanterna eléctrica* 427
flavor: *sabor* 776
flight: *vôo* 244
flint: *pederneira* 1428
floor: *chão* 661; (storey): *andar* 576; — show: *espectáculo* 1044
florist: *florista* 1516
folder: *dossier* 1282
folk dance: *dança folclórica* 1023; *dança popular* 1053
follow: *seguir* 168
food: *comida* 782; *refeição* 247
FOOD SEASONINGS, p. 71
foot: *pé* 1714; — brake: *freio de pé* 410; — powder: *pó para os pés* 1364

footpath: *caminho* 1085
forbidden: *proibido* 1966
forecast (v.): *prever* 1824
forehead: *testa* 1715
foreign: *estrangeiro* 1101
forest: *floresta* 1096
forget: *esquecer* 125, 166
fork (in road): *bifurcação* 368; (utensil): *garfo* 731
forty: *quarenta* 1850
forward (v.): *mandar* 503
fountain pen: *caneta de tinta permanente* 1293
four: *quatro* 164
fourteen: *catorze* 1840
fourth: *quarto* 1870; — gear: *quarta* 434
fraction: *fracção* 1881
fracture (n.): *fractura* 1643
fragile: *frágil* 171
free: *livre* 324
French: *francês* 99
fresh: *fresco* 741
Friday: *sexta-feira* 1794
fried: *frito* 753
friend (female): *amiga* 82; (male): *amigo* 82
front: *frente* 485; in — of: *em frente de* 207
frozen: *congelado* 742
fruit: *fruta* 694
FRUITS, p. 79
fuel pump: *bomba da gasolina* 428

furs: *peles* 1269
furnish (provide): *fornecer* 640
furnished: *mobilado* 579
furniture: *móveis* 1518
fuse: *fusível* 429

gall bladder: *vesícula* 1716
gallery: *galeria* 999
game (food): *caça* 837; (play): *jogo* 1070
gambling casino: *casino de jogos* 1024
garage: *garagem* 371
garlic: *alho* 786
gas (carbonation): *gás* 681; (gasoline): *gasolina* 343; — station: *posto de serviço* 384
gate (boarding): *portão de embarque* 265
gauze: *gaze* 1342
gear shift: *mudança de velocidade* 430
general (adj.): *geral* 1673
generator: *dínamo* 438
genitals: *órgãos genitais* 1717
gentlemen: *cavalheiros* 1928
German: *alemão* 101
German measles: *sarampelo* 1652
get: *obter* 278; — off: *sair* 280; — up: *levantar-se* 1605

gift: *presente* 153; — store: *bazar* 1519
GIFT AND SOUVENIR LIST, p. 117
gin: *genebro* 686
girl: *rapariga* 71; — friend: *namorada* 50
give: *dar* 50, 522
glad: *contente* 93
gland: *glândula* 1718
glass (drinking): *copo* 697; (material): *vidro* 1270
glasses (eye): *óculos* 1446
gloves: *luvas* 1198
go: *ir* 175, 188, 312; — away: *ir-se embora* 132; — in: *entrar* 974; — to bed: *deitar-se* 1604
gold: *ouro* 1257
golf: *golfe* 1059
good: *bom* 2
goodbye: *adeus* 6
goose: *ganso* 847
government: *governo* 177
grandfather: *avô* 1897
grandmother: *avó* 1896
grape: *uva* 932
grapefruit: *toronja* 803
graphic arts: *artes gráficas* 979
grass: *relva* 1954
grease: *massa consistente* 437
green: *verde* 831
grey: *cinzento* 1245

grilled: *grelhado* 754
grocery: *mercearia* 1520
ground (meat): *moído* 755
guide: *guia* 962; — book: *roteiro* 1283
gums: *gengivas* 1671
gymnasium: *ginásio* 237

hairbrush: *escova de cabelo* 1343
haircut: *corte de cabelo* 1464
hairdresser: *cabeleireiro* 1499
hairpiece: *postiço* 1485
hair rinse: *lavagem de cabelo* 1486
hairspray: *laca* 1487; *pulverizador para o cabelo* 1348
half (*n.*): *metade* 1884
half-past: *e meia* 1764
ham (cooked): *fiambre* 813; (cured): *presunto* 814
hammer: *martelo* 439
hand: *mão* 1720; — brake: *freio de mão* 410; — lotion: *loção para as mãos* 1349
handbag: *bolsa* 124; *mala de mão* 1199
handicrafts: *artes manuais* 1408
handkerchief: *lenço* 1200
handle (*v.*): *levar* 172
handmade: *feito à mão* 1151

happy: *feliz* 44
hard-boiled: *cozido* 815
hardware: *ferragens* 1521
hassock: *tamborete* 662
hat: *chapéu* 1112; — shop: *chapelaria* 1522
have: *ter* 150, 230, 1159; — to: *ter que* 317
hay fever: *febre-dos-fenos* 1644
he: *ele* 83
headache: *dor de cabeça* 1645
headlight: *farol* 450
health: *saúde* 702; — certificate: *atestado médico* 143
HEALTH AND ILLNESS, p. 131
hear: *ouvir* 527
hearing aid: *aparelho para a surdez* 1451
heart: *coração* 1722
heater: *aquecedor* 350
heavy: *pesado* 388
heel (foot): *calcanhar* 1723; (shoe): *salto* 1450
hello: *olá*; (on phone): *está* 521
help (*n.*): *socorro* 133; (*v.*): *ajudar* 120, 379
helpful: *prestável* 21
here: *aqui* 84
herring: *arenque* 861

high: *alto* 576; — chair: *cadeira de mesa para bebé* 1572
hike: *passeio a pé* 1086
HIKING AND CAMPING, p. 93
hill: *monte* 210
hip: *anca* 1724
hire, for: *aluga-se* 1918
hold (*v.*, keep): *guardar* 504
holiday: *feriado* 1796
HOLIDAYS, p. 145
home, at: *em casa* 1577
honor (accept): *aceitar* 1169
hood (of car): *capota do motor* 441
horn (auto): *buzina* 442
horse and wagon: *carroça* 356
horseback, ride: *montar a cavalo* 1075
horsepower: *cavalo vapor* 443
hospital: *hospital* 1590
hot: *quente* 562; — dog: *cachorro* 838
HOTEL, p. 48
hotel: *hotel* 250
hot-water bottle: *botija para água quente* 1350
hour: *hora* 325
house: *casa* 719

housewares: *artigos domésticos* 1523
how: *como* 66; — are things: *como vão as coisas* 37; — are you: *como está* 36; — long does it take: *quanto tempo leva* 178; — many: *quantos* 65; — much: *quanto* 64; — often: *de quanto em quanto tempo* 311
hundred: *cem* 1856
hundredth: *centésimo* 1879
hungry, be: *estar com fome* 89
hurry, be in a: *estar com pressa* 88
hurt (*v.*): *doer* 1670
husband: *marido* 1686

I: *eu* 87
ice: *gelo* 594; — cream: *gelados* 937; — skate (*v.*): *patinar no gelo* 1076
iced: *gelado* 801
identification: *identificação* 1171
if: *se* 1003
ignition: *ignição* 444
imitation: *imitação* 1156
immediately: *imediatamente* 1303
in: *em* 114
include: *incluir* 1161

INDEX

included: *incluido* 343
indigestion: *indigestão* 1646
indoors: *dentro* 714
inexpensive: *não muito caro* 538
infection: *infecção* 1647
inflammation: *inflamação* 1648
information: *informação* 300
injection: *injecção* 1600
ink: *tinta* 1284
inn (govt.-owned): *pousada* 540; (privately owned): *estalagem* 541
inner tube: *câmara de ar* 445
insect: *insecto* 1624
insecticide: *insecticida* 1352
inside (*adj.*): *interior* 555; (*prep.*): *dentro de* 201
insomnia: *insónia* 1650
insurance policy: *seguro* 344
insure: *segurar* 499
instrument panel: *painel dos instrumentos* 446
interested: *interessado* 975
interesting: *interessante* 992
intermission: *intervalo* 1016
international: *internacional* 340
intersection: *intersecção* 369
intestines: *intestinos* 1725
introduce: *apresentar* 33
iodine: *tintura de iôdo* 1353

iron (*v.*): *passar a ferro* 618
island: *ilha* 966
Italian: *italiano* 100

jack: *macaco* 381
jacket: *casaco de esporte* 1202
jam: *geléia* 808
janitor: *porteiro* 1964
January: *Janeiro* 1801
jaw: *mandíbula* 1726
jewelry: *jóias* 1204; — store: *joalharia* 1524
job: *profissão* 81
joint: *articulação* 1727
juice: *sumo* 803
June: *Junho* 1806
July: *Julho* 1807
just (only): *só* 1114

kale: *couve* 895
keep: *guardar* 336; *manter* 1468
key: *chave* 125
kid (baby goat): *cabrito* 836
kidney: *rim* 854
kilo: *quilo* 259
kilometer: *quilómetro* 325
kind (*adj.*): *amável* 21; (*n.*): *espécie* 246
king-size: *gigante* 1424
kitchen: *cozinha* 639
knee: *joelho* 1729
knife: *faca* 733
know: *saber* 105

lace: *renda* 1410
lady: *senhora* 1219
lake: *lago* 1097
lamb: *borrego* 835
lamp: *candieiro* 663
large: *grande* 735
larger: *maior* 574
larynx: *laringe* 1730
last (previous): *passado* 1782
late: *atrasado* 288; *tarde* 74
later: *mais tarde* 25; see you —: *até logo* 8
laundry (business): *lavandaria* 1526
LAUNDRY AND DRY CLEANING, p. 119
lawyer: *advogado* 1525
laxative: *purgante* 1354
lean (adj.): *magro* 743
lease (n.): *arrendamento* 641
leather: *couro* 1271
leave: *deixar* 161; (depart): *ir embora* 1001; *partir* 57, 277; *sair* 609
left (n., direction): *esquerda* 159
leg: *perna* 1731
lemon: *limão* 796
lemonade: *limonada* 692
length: *comprimento* 1147
lengthen (a skirt): *descer* 1452
lens: *lente* 1399

lentil: *lentilha* 903
less: *menos* 766
let alone: *deixar só* 131
letter: *carta* 492
lettuce: *alface* 888
library: *biblioteca* 984
licensed: *autorizado* 962
license plate: *placa de inscrição* 448
lie down: *deitar* 1685
lifeboat: *barco salva-vidas* 231
life preserver: *salva-vidas* 232
light (adj., color): *claro* 695; (weight): *leve* 388; (n.): *luz* 197
light bulb: *lâmpada* 664
lighter (n.): *isqueiro* 1426; — fluid: *gasolina para o isqueiro* 1427
like (v.): *desejar* 505; *gostar de* 45, 571
limousine: *limusina* 272
line (queue): *fila* 1025; hold the — (telephone): *espere um momento* 525
linen(s): *roupa de cama e toalhas* 640
lingerie: *roupa de baixo para senhora* 1206
lining: *forro* 1454
lip: *lábio* 1732
lipstick: *baton* 1355

liquor: *licor* 1558
Lisbon: *Lisboa* 255
listen: *ouvir* 31
liter: *litro* 385
little, a: *um pouco* 101
liver: *fígado* 845
living room: *sala de estar* 637
loan (*n.*): *empréstimo* 1527
lobby: *vestíbulo* 203
lobster (northern): *lavagante* 874; (spiny): *lagosta* 872
local: *local* 1673
location: *lugar* 543
lock (*n.*): *fechadura* 1449; (*v.*): *fechar* 613
London: *Londres* 510
long: *comprido* 1144
look for: *procurar* 121
look like: *parecer* 1819
look out: *cuidado* 137
loose: *largo* 1136
lose: *perder* 124, 1667
lost: *perdido* 122
lost-and-found office: *secção de perdidos e achados* 118
loud: *alto* 529
love (*v.*): *amar* 46
low: *baixo* 576
lubricate: *lubrificar* 1458
luggage: *bagagem* 157
lukewarm: *tépido* 1436

lumberyard: *estância de madeiras* 1528
lunch: *almoço* 605; (snack): *lanche* 965; — stand: *loja de sandes e refeições leves* 1529
lung: *pulmão* 1734

mackerel: *sarda* 883
magazine: *revista* 1286
magnificent: *magnífico* 993
MAIL, p. 43
mail (*n.*): *correio* 495; *correspondência* 503
mailbox: *caixa do correio* 490
major (*adj.*): *principal* 370
make: *fazer* 48, 399, 621
MAKING YOURSELF UNDERSTOOD, p. 8
man: *homem* 72
manager: *gerente* 119
mango: *manga* 922
manicure: *manicura* 1489
many: *muitos* 1891
map: *mapa* 363
March: *Março* 1803
market: *mercado* 1530
Mass: *missa* 951
massage: *massagem* 1488
matches: *fósforos* 1087
material: *material* 498
MATERIALS, p. 106

matter (v.): *importar* 18; what is the —: *o que aconteceu* 55
May: *Maio* 1805
may (v.): *poder* 47, 248, 264
mayonnaise: *maionese* 787
me, with —: *comigo* 24
meals: *refeições* 567
mean (v.): *significar* 112
measles: *sarampo* 1651
measurements: *medidas* 1146
meat: *carne* 739
MEAT, GAME AND POULTRY, p. 75
mechanic: *mecânico* 378
mechanism: *maquinismo* 349
medicine: *remédio* 1599; — dropper: *conta-gotas* 1356
medium: *médio* 388; — (meat): *meio passado* 762
meet: *conhecer* 7
melon: *melão* 924
mend: *consertar* 1455
menthol: *mentol* 1423
menu: *ementa* 724
merry: *feliz* 1797
message: *recado* 532
messenger: *mensageiro* 601
metal: *metal* 1253
meter: *metro* 1119
mezzanine: *primeiro balcão* 1011

middle: *meio* 199
midnight: *meia noite* 1775
mild: *suave* 1304
milk: *leite* 797
milliner: *modista de chapéus* 1531
million: *milhão* 1866
mineral water: *água mineral* 681
minimum: *mínimo* 509
minister: *pastor* 952
minute: *minuto* 27
mirror: *espelho* 454; rear-view —: *espelho retro-visor* 454; side-view —: *espelho retro-visor exterior* 455
Miss: *menina* 34
miss (a train): *perder* 126
missing, be: *faltar* 160
mistake: *erro* 780
mixed: *misto* 830
modern: *moderno* 981
Monday: *segunda-feira* 1475
money: *dinheiro* 1101; — exchange: *cambista* 1532; — clip: *prendedor de notas* 1207; — order: *vale de correio* 502
month: *mês* 569
monument: *monumento* 207
more: *mais* 765
morning: *manhã* 590

mosquito net: *rede de mosquitos* 665
mother: *mãe* 1894
mother-in-law: *sogra* 1909
motor: *motor* 397
motorcycle: *motocicleta* 354
motor scooter: *lambreta* 355
mountain: *montanha* 1098
moustache: *bigode* 1473
mouth: *boca* 1735; — wash: *loção para lavar a boca* 1358
move (*v.*): *mover* 1682
movies: *cinema* 1026
Mr.: *senhor* 35
Mrs.: *senhora* 33
much: *muito* 15
mud: *lama* 383
muffler: *silencioso* 456
mumps: *papeira* 1653
muscle: *músculo* 1736
museum: *museu* 996
mushroom: *cogumelo* 894
music: *música* 946
musical comedy: *comédia musical* 1027
musical instrument: *instrumento de música* 1534
mussel: *mexilhão* 875
must (have to): *dever* 54, 641; *ter de* 396
mustard: *mustarda* 788; hot —: *mustarda inglesa* 788

mutton: *carneiro* 839
my: *meu* 76; *minha* 121

nail (finger): *unha* 1737; — file: *lima de unhas* 1359; — polish: *verniz para as unhas* 1360
name: *nome* 76
napkin: *guardanapo* 727
native (folk) arts: *arte popular* 980
nausea: *náusea* 1654
navel: *umbigo* 1738
near: *perto* 186; *próximo* 1421
neck: *pescoço* 1739
necklace: *colar* 152
necktie: *gravata* 1205
need (*v.*): *precisar de* 1071
needle: *agulha* 1460
needlework: *trabalhos de agulha* 1411
negative (*n.*): *negativo* 1400
nephew: *sobrinho* 1905
nerve: *nervo* 1740
net: *rede* 1346
neutral gear: *ponto morto* 436
new: *novo* 39
New York: *Nova Iorque* 1174
newspaper: *jornal* 1287
newsstand: *banca de jornais* 1535

next: *a seguir* 769; *próximo* 48; — to (*prep.*): *a seguir a* 198
niece: *sobrinha* 1904
night: *noite* 4; — letter: *telegrama-carta* 506
nightclub: *boáte* 1028
NIGHTCLUB AND DANCING, p. 89
nightgown: *camisa de dormir* 1208
nine: *nove* 1835
nineteen: *dezanove* 1845
ninety: *noventa* 1855
ninth: *nono* 1875
no: *não* 10
noise: *barulho* 399
noisy: *barulhento* 581
non-stop: *sem escala* 252
noon: *meio-dia* 1774
north: *norte* 182
nose: *nariz* 1741
nosebleed: *sangrar do nariz* 1655
not: *não* 29
notebook: *livro de notas* 1289
nothing: *nada* 149
notice (*n.*): *aviso* 1922
notify: *notificar* 1686
November: *Novembro* 1811
now: *agora* 30
number: *número* 79

NUMBERS: CARDINALS, p. 149
NUMBERS: ORDINALS, p. 149
nurse: *enfermeira* 1612
nursemaid: *ama do bebê* 1573
nut (metal): *porca* 457
nylon: *náilon* 1262

occupied: *ocupado* 1955
o'clock: *horas* 609
October: *Outubro* 1810
octopus: *polvo* 879
oculist: *oculista* 1613
office: *escritório* 175; (doctor's): *consultório* 1577; — building: *prédio de escritórios* 217; — hours: *horas de consulta* 1578
oil: *óleo* 343
ointment: *pomada* 1565
olive: *azeitona* 890; — oil: *azeite* 833; (color): *azeitonado* 1246
omelet: *omelete* 816
one: *um* 1827
one-way ticket: *bilhete de ida* 301
onion: *cebola* 892
only: *só* 100
open (*adj.*): *aberto* 352; (*v.*): *abrir* 147, 273, 284

opera: *ópera* 1029; — glasses: *binóculos* 1030; — house: *teatro de ópera* 1031
operator (telephone): *telefonista* 513
opposite (*prep.*): *oposto a* 205
or: *ou* 109
orange: *laranja* 803
orchestra (section of auditorium): *plateia* 1008
order (*v.*): *encomendar* 1145; *mandar* 773
ordinary: *normal* 510
orlon: *órlon* 1263
orthopedist: *ortopedista* 1614
other: *outro* 193
our: *nosso* 140
outdoors: *lá fora* 713
outside (*adj.*): *exterior* 556; (*prep.*): *fora de* 203
over (*prep.*): *por cima de* 214; — there: *acolá* 146
overheat: *aquecer muito* 397
owe: *dever* 173
own (*v.*): *possuir* 163
oyster: *ostra* 876

pacifier: *chucha* 1564
pack (*n.*): *maço* 1424; (*v.*): *empacotar* 1175
package: *pacote* 160
pail: *balde* 666
pain: *dor* 1581
paint (*n.*): *tinta* 1536
painter: *pintor* 1547
painting: *pintura* 978
pair: *par* 1198
pajamas: *pijama* 1209
palace: *palácio* 987
pancake: *panqueca* 811
pancreas: *pâncreas* 1742
panties: *calças de senhora* 1210
paper: *papel* 1291
papers (documents): *documentos* 347
parcel post: *encomenda postal* 496
park (*n.*): *parque* 205; (*v.*): *estacionar* 365
parking lot: *parque de estacionamento* 373
parsley: *salsa* 908
part (*v.*, hair): *apartar* 1469
PARTS OF THE BODY, p. 140
PARTS OF THE CAR (AND AUTO EQUIPMENT), p. 37
passport: *passaporte* 141
pastry shop: *pastelaria* 1537
paved: *pavimentado* 361
pay (*v.*): *pagar* 155, 778, 1165, 1170, 1177
peach: *pêssego* 929

pear: *pera* 928
peas: *ervilhas* 897
pedal: *pedal* 459
pedestrian: *peão* 1960
pediatrician: *pediatra* 1560
pencil: *lápis* 1295
penicillin: *Penicilina* 1588
penknife: *canivete* 1412
pepper (ground): *pimenta* 790; (vegetable): *pimento* 905
peppery: *apimentado* 744
per: *por* 508
performance: *representação* 1032; *sessão* 1984
perfume: *perfume* 1413
perhaps: *talvez* 11
permanent wave: *permanente* 1490
permit (*n.*): *licença* 1083
peroxide: *água oxigenada* 1363
personal: *pessoal* 151; — liability: *responsibilidade civil* 344
pet shop: *loja de animais domésticos* 1538 •
PHARMACY, p. 109
pharmacy: *farmácia* 1301
phonograph record: *disco fonográfico* 1414
photo: *fotografia* 1396; *instantâneo* 1395
photographer: *fotógrafo* 1539

pick up: *buscar* 351
picnic: *piquenique* 1088
pie: *torta* 942
pigeon: *pombo* 852
pig's trotters: *chispe* 840
pill: *pílula* 1601
pillow: *almofada* 626
pillowcase: *fronha* 627
pin: *alfinete* 1212; (decorative): *broche* 1211; (safety): *alfinete de dama* 1213
pineapple: *ananás* 913
ping-pong: *pinguepongue* 1060
pink: *côr-de-rosa* 1248
pipe: *cachimbo* 1430; — cleaner: *limpador de cachimbos* 1431; — tobacco: *tabaco para cachimbos* 1433
plain (*adj.*): *simples* 738
plan (*v.*): *planear* 86
plane: *avião* 245
plastic: *plástico* 1272
plate: *prato* 734
platform: *plataforma* 295; — ticket: *bilhete de gare* 303
play (*v.*, game): *jogar* 1056, 1063; (music): *tocar* 1048
playground: *jardim de infância* 1574

INDEX

please: *é favor* 518; *faça favor* 548; *faz favor* 12
pleased, be: *ter prazer* 7
pleasure: *prazer* 41
pliers: *alicate* 460
plum: *ameixa* 911
poached: *escalfado* 815
pocket: *bolso* 1455
point (v.): *apontar* 189
poison: *veneno* 1310
poisoning: *envenenamento* 1657
police (man): *polícia* 134; — station: *esquadra* 117
pool (swimming): *piscina* 238
poor (bad): *mau* 528
pork: *porco* 853
port (wine): *vinho do Porto* 697
porter: *bagageiro* 296; *carregador* 170
portion: *porção* 768
Portuguese: *Português* 114
postage: *porte de correio* 497
postcard: *postal* 497
post office: *correio* 489
potato: *batata* 891
pottery: *cerâmica* 1415
pouch: *bolsa* 1433
pound: *libra* 1120
powder: *pó* 1364; — puff: *borla para o pó de arroz* 1365

prawn: *gamba* 871
prayer: *oração* 953
precious stone: *pedra preciosa* 1416
prefer: *preferir* 544
prepared: *preparado* 748
prescription: *receita* 1303
press (v., clothes): *passar a ferro* 1439
pressure: *pressão* 393
pretty: *bom* 557
price: *preço* 1128
priest: *padre* 955
print (film): *positivo* 1394; (graphic): *gravura* 1417
printed matter: *impressos* 498
printing (shop): *tipografia* 1540
private: *particular* 1940
program: *programa* 1033
property: *propriedade* 1973; — damage: *danos a terceiros* 345
Protestant: *protestante* 956
pull: *puxar* 1974
puppet show: *representação de fantoches* 1034
purple: *púrpura* 1249
purser: *comissário* 240
push: *empurrar* 379
put: *pôr* 389

QUANTITIES, p. 150
quarter: *quarto* 1882
quarter-past: *e um quarto* 1765
quarter to: *um quarto para* 1766
quickly, as — as you can: *o mais depressa que puder* 722
quiet: *sossegado* 543

rabbi: *rabino* 957
rabbit: *coelho* 841
race: *corrida* 1069
racket: *raqueta* 1073
radiator: *radiador* 389
radio: *rádio* 462
radish: *rabanete* 906
rag: *trapo* 463
railroad: *caminho de ferro* 304
rain (*v.*): *chover* 1819
raincoat: *impermeável* 1214
rare (meat): *mal passado* 762
raspberry: *framboesa* 918
rate: *tarifa* 341; (of exchange): *câmbio* 110
rattle: *roca* 1575
razor (electric): *máquina eléctrica de barbear* 1367; (safety): *gilete* 1368; (straight): *navalha de barba* 1366; — blade: *lâmina de barbear* 1369

reach (arrive at): *chegar* 510
read: *ler* 100
ready: *pronto* 1159
real estate: *imóveis* 1541
rear (*adj.*): *de trás* 486; (*prep.*): *atrás de* 208
reasonable (in price): *razoável* 1127
receipt: *recibo* 162
recharge: *carregar* 390
recommend: *recomendar* 703
red: *vermelho* 1250; (wine): *tinto* 698
red mullet: *salmonete* 882
reference: *referência* 1172
refreshment room: *cantina* 298
refreshments: *refrescos* 1977
refund (*v.*): *reembolsar* 1180
regards: *lembranças* 50
register (*v.*): *registrar* 546
registered mail: *correio registrado* 495
registration form: *impresso* 547
regular: *normal* 385
relative (*n.*): *parente* 1907
relieve: *aliviar* 1587
remedy: *remédio* 230
remember: *lembrar* 128
remove: *tirar* 1438
rent (*v.*): *alugar* 634; *arrendar* 225; for —: *aluga-se* 1975

rental: *aluguel* 1494
RENTING AN APARTMENT, p. 57
RENTING AUTOS (AND OTHER VEHICLES), p. 31
repair (*n.*): *reparação* 372; (*v.*): *consertar* 394
REPAIRS AND ADJUSTMENTS, p. 121
repeat (*v.*): *repetir* 107
replace: *substituir* 1454
replica: *réplica* 1155
reproduction: *reprodução* 1418
reservation: *reserva* 243
reserved: *reservado* 1978
residential section: *bairro residencial* 218
rest (*v.*): *descansar* 1003, 1685
RESTAURANT, p. 63
restaurant: *restaurante* 703
return (come or go back): *voltar* 335, 1996; (give back): *devolver* 1179
reverse gear: *marcha atrás* 435
rib: *costela* 1743
ribbon: *fita* 1215
rice: *arroz* 889; — pudding: *arroz doce* 933
ride (*n.*): *corrida* 327

right (*adj.*): *correcto* 188; (*n.*, direction): *direita* 159; be —: *ter razão* 110
ring (*n.*, finger): *anel* 1216; (*v.*): *tocar* 1988
river: *rio* 1099
road: *estrada* 359; — sign: *sinalização* 360
roast beef: *rosbife* 855
roasted: *assado* 756
rock music: *música rock* 1054
roll (bread): *pãozinho* 806; (film): *rolo* 1390
room: *quarto* 165; *sala* 305; double —: *quarto para duas pessoas* 551; single —: *quarto para pessoa só* 551
roomette: *cabine* 297
rope: *corda* 464
rouge: *carmim* 1370
rough (road): *mau* 361
rubbers: *galochas* 1217
rubbish: *lixo* 1089
rug: *tapete* 667
ruins: *ruinas* 985
running water: *água corrente* 561
rye (whiskey): *uísque americano* 689

safe (*adj.*): *livre de perigo* 1305; (*n.*): *cofre* 606

salad: *salada* 775
sale: *venda* 19; for —: *à venda* 1913; *vende-se* 1995
salesgirl: *empregada do balcão* 1167
salesman: *caixeiro* 1166
salt: *sal* 791
salty: *salgado* 745
same: *mesmo* 1145
sandals: *sandálias* 1218
sandwich: *sande* 706
sanitary facilities: *sanitários* 1080
sanitary napkins: *toalhas higiénicas* 1371
sardine: *sardinha* 884
satisfactory: *satisfatório* 582
Saturday: *sábado* 1795
sauce: *molho* 792
saucer: *pires* 736
sausage: *salsicha* 856
sautéed: *salteado* 757
say: *dizer* 52, 114
scampi: *lagostins* 873
scarf: *cachecol* 1219
school: *escola* 206
scissors: *tesoura* 1461
scotch (whiskey): *uísque escocês* 688
scrambled: *mexido* 15
screw: *parafuso* 465
screwdriver: *chave de parafusos* 466
sculpture: *escultura* 977

sea: *mar* 580; — bass: *robalo* 881
seasick: *enjoado* 229
seasickness: *enjôo* 230
seat: *lugar* 261; — belt: *cinto do assento* 267
second: *segundo* 228; — gear: *segunda* 432
second-hand: *em segunda mão* 1153
sedative: *sedativo* 1372
see: *ver* 41, 571
self-service: *sirva-se* 1985
send: *mandar* 492, 596
September: *Setembro* 1809
serious: *sério* 1584
sermon: *sermão* 959
serve: *servir* 207, 707
service: *serviço* 251
set (*v.*): *fixar* 1482
seven: *sete* 1559
seventeen: *dezassete* 1843
seventh: *sétimo* 1873
seventy: *setenta* 1853
several: *uns* 565; *vários* 1890
sew: *coser* 1443
sewing machine: *máquina de costura* 1542
shade: *sombra* 1823; (color): *tom* 1481
shampoo (*n.*): *champú* 1478; *loção para lavagem de cabeça* 1373

sharp: *afiado* 733
shave: (*v.*): *fazer a barba* 1466
shaving brush: *pincel de barbear* 1376
shaving cream: *creme de barbear* 1374
shaving lotion: *loção para a barba* 1375
shawl: *xaile* 1221
she: *ela* 124
sheet (bed): *lençol* 623
shellfish: *mariscos* 826
sherbet: *sorvete* 941
ship (*v.*): *expedir* 1174
shirt: *camisa* 618
shock absorber: *amortecedor* 467
shoelaces: *atacadores* 1223
shoemaker: *sapateiro* 1543
shoes: *sapatos* 1224
shoeshine stand: *engraxador* 1544
shoe store: *sapataria* 1545
shop (*n.*): *loja* 1491
SHOPPING, p. 95
shopping section: *bairro comercial* 181
short: *curto* 179
shortcut: *atalho* 1090
shorten: *subir* 1453
should: *dever* 249
shoulder: *ombro* 1744

show (*n.*): *espectáculo* 1005; (*v.*): *indicar* 180; *mostrar* 350
shower: *chuveiro* 560; — cap: *touca de banho* 1377
shrimp: *camarão* 865; — pie: *rissol* 880
shrink: *encolher* 1149
shutter: *obturador* 1401
side: *lado* 192
sideburns: *patilhas* 1473
SIGHTSEEING, p. 82
sightseeing: *excursão de turismo* 1546
sign (*n.*): *sinal* 376; *tabuleta* 1547; (*v.*): *assinar* 548
silver: *prata* 1258
since: *desde* 1779
sink (*n.*): *lava-louças* 669
sister: *irmã* 1900
sit: *sentar* 40
six: *seis* 501
sixteen: *dezasseis* 1842
sixth: *sexto* 1872
sixty: *sessenta* 1852
size: *tamanho* 1138
skewer: *espeto* 758
ski (*v.*): *fazer esqui* 1078
skin: *pele* 1746
skirt: *saia* 1228
skull: *crânio* 1747
sled: *trenó* 1077
sleep: *dormir* 1585

sleeping car: *vagão leito* 306
sleeping pill: *comprimido para dormir* 1307
sleeve: *manga* 1453
slip (n.): *combinação* 1229
slippers: *chinelos* 1225
slow (watch): *atrazado* 1445
slowly: *devagar* 102
small: *miúdo* 1111; *pequeno* 575
smaller: *menor* 1139
smelling salts: *sais aromáticos* 1378
smoke (v.): *fumar* 268
smoking: — car: *carro de fumadores* 308; *vagão para fumadores* 1990; no —: *proibido fumar* 1971
snail: *caracol* 866
snow (n.): *neve* 468; (v.): *nevar* 1825
so, so: *assim, assim* 38
soap: *sabão* 629; *sabonete* 1379
soccer: *futebol* 1056
SOCIAL PHRASES, p. 3
socks: *peúgas* 1226
soda: *soda* 682
soft: *macio* 1134
soft-boiled: *quente* 815
sole (shoe): *sola* 1450
some: *algum* 594
someone: *alguém* 351

something: *alguma coisa* 572; *qualquer coisa* 738
son: *filho* 1899
soon: *depressa* 1159; as — as: *assim que* 610; *logo que* 533
sore: *inflamado* 1671; — throat: *dor de garganta* 1658
sorry, be: *ter pena* 20
soup: *açorda* 817; *sopa* 822
SOUPS AND SALADS, p. 74
south: *sul* 182
souvenir: *lembrança* 1419
spare (adj.): *sobresselente* 476
spark plug: *vela* 469
speak: *falar* 97, 99, 101, 524
special (in restaurant): *prato do dia* 720
special delivery: *via expressa* 494
specialist: *especialista* 1616
specialty: *especialidade* 719
speedometer: *velocímetro* 470
spell (v.): *escrever* 115
spicy: *condimentado* 746
spinach: *espinafre* 899
spine: *espinha dorsal* 1748
spit (v.): *cuspir* 1969
spleen: *baço* 1749

sponge: *esponja* 1380
spoon: *colher* 735
sporting goods: *artigos de desporto* 1548
SPORTS AND GAMES, p. 90
sports event: *exibição de desporto* 1036
sprain (*n.*): *entorse* 1659
spring (metal): *mola* 471; (season): *primavera* 1813
square (*n.*): *praça* 202
stage: *palco* 1012
stain: *nódoa* 1438
stairs: *escadas* 1937
stale: *velho* 759
stamp (*n.*): *selo* 501
standing room: *lugar de pé* 1037
starch (*n.*): *goma* 1437; (*v.*): *engomar* 1440
start (car): *pegar* 401
starter: *motor de arranque* 472
station: *estação* 201
stationery: *papel* 1290
stay: *ficar* 86
steering wheel: *volante* 473
stewardess: *hospedeira* 266
sting (*n.*): *picada* 1660
stockbroker: *corretor de bolsa* 1549
stockings: *meias* 1230
stomach: *estômago* 1750

stone: *pedra* 1273
stop (*v.*): *parar* 253, 254, 333
store (*n.*): *loja* 208; *mercado* 1515
STORES AND SERVICES, p. 125
straight ahead: *a direito* 200
strap: *correia* 1231
strawberry: *morango* 926
stream: *corrente* 1100
street: *rua* 184
streetcar: *eléctrico* 310
string: *cordel* 1297
stroller: *cadeirinha de passeio de bebé* 1566
strong: *forte* 1134
stub (ticket): *talão* 1013
stuck: *atolado* 383
student: *estudante* 80
studio: *salão* 1506
stuffed: *estofado* 1576
style: *estilo* 1140
suburbs: *subúrbios* 219
subway: *Metrô* 322
suckling pig: *leitão* 848
sufficient: *suficiente* 1172
sugar: *açúcar* 793
suit (*n.*): *fato* 1232
suitcase: *mala* 161
suite: *apartamento* 553
summer: *verão* 1814
sun: *sol* 1661
Sunday: *domingo* 1784

sunglasses: *óculos escuros* 1381
suntan lotion: *loção para bronzear a pele* 1382
superior (*n.*): *chefe* 119
supermarket: *supermercado* 1550
supper: *jantar* 708
surface mail: *via normal* 492
surgeon: *cirurgião* 1617
surgery: *operação* 1591
sweater: *suéter* 1233
sweet: *doce* 747
swelling: *inchaço* 1662
swim: *banhar* 1968; *nadar* 1066
switch (*n.*): *interruptor* 670
swollen: *inchado* 1582
swordfish: *espadarte* 870
synagogue: *sinagoga* 958
synthetic (*n.*): *tecido sintético* 1264
syringe: *seringa* 1383

table: *mesa* 671
tablecloth: *toalha de mesa* 672
table d'hôte: *jantar da casa* 717
taillight: *luz da retaguarda* 453
tailor: *alfaiate* 1551
take: *levar* 326; *tirar* 1146; *tomar* 565, 1311, 1599

taken (seat): *ocupado* 282
talcum powder: *pó de talco* 1364
TALKING ABOUT YOURSELF, p. 6
tank (gas): *depósito da gasolina* 474
tape (*n.*): *fita* 1296; masking —: *fita de máscara* 1296; Scotch —: *fita escocesa* 1296
tax: *imposto* 570
TAXI, p. 29
taxi: *táxi* 169; — meter: *taxímetro* 338; — stand: *praça dos táxis* 337
tea: *chá* 737
teacher: *professor* 80
TELEGRAM, p. 45
telegram: *telegrama* 505
TELEPHONE, p. 45
telephone: *telefone* 248; — call: *chamada telefónica* 602
television: *televisão* 564
tell: *dizer* 316
temperature: *temperatura* 1579
temple (head): *fonte* 1751
temporary filling: *obturação temporária* 1675
ten: *dez* 501
tennis: *ténis* 1061
tent: *barraca* 1091

INDEX

tenth: *décimo* 1876
terrace: *terraço* 673
textile: *tecido* 1259
thanks: *obrigado* 15
that (*adj.*): *esse* 70, 71; (*pron.*): *isso* 53
theater: *teatro* 1038
there (*adv.*): *lá* 187
thermometer: *termómetro* 1384
thermos: *garrafa térmica* 1092
thief: *ladrão* 135
thigh: *coxa* 1752
thimble: *dedal* 1462
thing: *coisa* 37
think: *pensar* 106
third (*adj.*): *terceiro* 1869; (*n.*): *terço* 1883; — gear: *terceira* 433
thirsty, be: *estar com sêde* 89
thirteen: *treze* 1839
thirtieth: *trigésimo* 1878
thirty: *trinta* 1849
this (*adj.*): *este* 72, 1171; (*pron.*): *isto* 113
thousand: *mil* 1860
thousandth: *milésimo* 1880
thread: *linha* 1463
three: *três* 517
thumb: *polegar* 1754
Thursday: *quinta-feira* 1793

ticket: *bilhete* 301; — office: *bilheteira* 273; half-price —: *meio bilhete* 294; one-way —: *bilhete de ida* 301; round-trip —: *bilhete de ida e volta* 302
tight: *apertado* 1136
TIME, p. 143
time: *tempo* 380; what — is it: *que horas são* 1761
time, on: *à hora marcada* 269; *a horas* 74; *à tabela* 257
timetable: *horário* 278
tip: *gorjeta* 174
tire: *pneu* 382
tired: *cansado* 91
toast: *torrada* 807
tobacco: *tabaco* 1432
today: *hoje* 500
toe: *dedo do pé* 1582
together: *junto* 1124
toilet: *sanitário* 614; — paper: *papel higiénico* 630
tomato: *tomate* 803
tomorrow: *àmanhã* 970
tongue: *língua* 1756
tonic (hair): *tónico* 1472; (water): *água-tónica* 686
tonight: *esta noite* 1007
tonsilitis: *inflamação das amígdalas* 1663
too (excessive): *muito* 581

tools: *ferramentas* 479
toothache: *dor de dentes* 1664
toothbrush: *escova de dentes* 1385
toothpaste: *pasta de dentes* 1386
toothpowder: *pó para dentes* 1387
top: *cimo* 212
torn: *rasgado* 1447
tough: *duro* 760
tourist: *turista* 990; — office: *escritório turístico* 177
tourniquet: *torniquete* 1687
towel: *toalha* 631
town: *cidade* 180
toy: *brinquedo* 1420
track: *linha* 277
traffic: *tráfego* 364; — circle: *rotunda do trânsito* 213
TRAIN, p. 25
train: *combóio* 126; express —: *combóio expresso* 276; local —: *combóio ónibus* 276
tranquilizer: *tranquilizante* 1308
transfer: (*n.*): *correspondência* 320; (*v.*): *transferir* 318
transit, be in: *estar de passagem* 145
transmission: *transmissão* 480
transparency: *transparência* 1402
trap: *armadilha* 990
travel (*v.*): *viajar* 87; — agent: *agência de viagens* 176
TRAVEL DIRECTIONS, p. 15
traveler's check: *cheque de viagem* 1104
tray: *bandeja* 674
treatment: *tratamento* 1619
trespass: *trespasar* 1972
trim (*n.*): *aparado* 1465; (*v.*): *aparar* 1473
trip (*n.*): *viagem* 84
tripe: *dobrada* 844
tripod: *tripé* 1403
trousers: *calças* 1234
trout: *truta* 885
trucking: *transporte por camião* 1553
trunk (of car): *portabagagem* 482
try on: *experimentar* 1142
tubeless (tire): *sem câmara de ar* 477
Tuesday: *segunda-feira* 1790
tuna: *atum* 862
turkey: *perú* 851

turn (v.): *voltar* 182, 191
turnip tops: *grelos* 902
twelve: *doze* 1838
twentieth: *vigésimo* 1877
twenty: *vinte* 385
twenty-five: *vinte e cinco* 1848
twenty-one: *vinte e um* 1847
two: *dois* 636
typewriter: *máquina de escrever* 1298
typical: *típico* 703

umbrella: *guarda-chuva* 1236
uncle: *tio* 1903
undercooked: *mal cozido* 763
undershirt: *camisola* 1237
undershorts: *cuecas* 1238
understand: *compreender* 103, 104, 1301
underwear: *roupa de baixo* 1235
unhappy: *triste* 95
United States: *Estados Unidos* 152
university: *universidade* 544
until: *até* 535
up: *para cima de* 210; (on sign): *subida* 1987
upholsterer: *estofador* 1554
uppers: *gáspeas* 1450
upstairs: *em cima* 584; *para cima* 588
us: *nós* 28
use (n.): *uso* 151; (v.): *usar* 246, 511
usher: *arrumador* 1015

vacant: *vago* 1992
vacation: *férias* 84
valet: *criado de quarto* 597
valuables: *objectos de valor* 606
valve: *válvula* 483
variety show: *espectáculo de variedades* 1039
vase: *vaso* 675
vaseline: *vaselina* 1388
veal: *vitela* 858
vegetable: *hortaliça* 825
VEGETABLES, p. 78
vein: *veia* 1758
venetian blinds: *venezianas* 676
venison: *veado* 857
very: *muito* 21
view (n.): *vista* 557
village: *aldeia* 222
vinegar: *vinagre* 794
visit (v.): *visitar* 999
visitor's visa: *visto de visitante* 144
vitamin: *vitamina* 1389
volleyball: *voleibol* 1062
vomit (v.): *vomitar* 1665

waist: *cintura* 1759
wait (*v.*): *esperar* 28, 396, 535
waiter: *criado* 599
waiting room: *sala de espera* 305
wake: *acordar* 590
walk: *andar a pé* 187; take a —: *dar um passeio* 989
walking shorts: *calções de passeio* 1227
wallet: *carteira* 1239
walnut: *noz* 927
waltz: *valsa* 1052
want: *desejar* 161, 524; *querer* 56, 119, 256, 492
warm: *morno* 1436
warning: *advertência* 1309
wash (*v.*): *lavar* 395, 618; — basin: *bacia de lavar* 632
washcloth: *paninho de lavar* 633
washing machine: *máquina de lavar roupa* 677
washroom: *lavatório* 1949
watch (*n.*): *relógio* 1445
watchmaker: *relojoeiro* 1557
water: *água* 389; — cooling system: *sistema de arrefecimento* 484; drinking —: *água potável* 1093
watermelon: *melancia* 923

way: *caminho* 179; that —: *por ali* 190; this —: *por aqui* 190
we: *nós* 86
WEATHER, p. 146
weather: *tempo* 1818
Wednesday: *quarta-feira* 1792
week: *semana* 48
weekend: *fim de semana* 1824
welcome: *bem-vindo* 5; you are —: *não tem de quê* 16
well (*adv.*): *bem* 1014; — done (meat): *bem passada* 762
west: *oeste* 182
wet paint: *pintado de fresco* 1962
what: *quê* 51
wheel: *roda* 485
when: *quando* 57
where: *onde* 58
which: *qual* 313
while (*n.*): *algum tempo* 365
whiskbroom: *escova pequena* 678
whiskey: *uísque* 682
white: *branco* 699
who: *quem* 68
whole: *todo* 1886
wholesale: *venda por atacado* 1994
why: *porquê* 60

width: *largura* 1148
wife: *espôsa* 1892
wig: *peruca* 1482
window: *janela* 262; (of store): *montra* 1112; — shade: *estore* 679
windshield: *pára-brisas* 391; — wiper: *limpa pára-brisas* 487
windy: *ventoso* 1820
wine: *vinho* 698; — list: *lista dos vinhos* 725; — steward: *mordomo do vinho* 723
winter: *inverno* 1816
with: *com* 567
without: *sem* 567
woman: *mulher* 73
wood: *madeira* 1094
wool: *lã* 1265
word: *palavra* 112
work (*v.*): *trabalhar* 67, 400
worse: *pior* 1595
WORSHIP, p. 80

wrap (*v.*): *embrulhar* 1164
wrapping paper: *papel de embrulho* 1300
wrench: *chave inglesa* 488
wrist: *pulso* 1760
write: *escrever* 108
wrong: *errado* 111; what is —: *o que há* 129

X rays: *raios-x* 1620

year: *ano* 1783
years old, be: *ter anos de idade* 77
yellow: *amarelo* 1252
yes: *sim* 9
yesterday: *ontem* 1779
yet: *ainda* 29
your: *seu* 50
youth hostel: *albergue para estudantes* 1079

zero: *zero* 1826
zoo: *jardim zoológico* 988

APPENDIX: COMMON ROAD SIGNS

 **Curva perigosa.**
Dangerous bend.

 **Curva à direita.**
Right bend.

 **Cruzamento.**
Intersection.

 **Passagem de nível.**
Level-crossing.

 **Passagem de nível sem guarda.**
Level-crossing without gates.

COMMON ROAD SIGNS

Sinais luminosos.
Traffic signals ahead.

Construção.
Road works.

Passagem de peões.
Pedestrian crossing.

Crianças.
Children.

Passagem de animais.
Animal crossing.

Estreitamento de estrada.
Road narrows.

COMMON ROAD SIGNS

Pavimento irregular.
Uneven or rough road.

Descida perigosa.
Steep or dangerous hill.

Pavimento escorregadio.
Slippery road.

Convergência.
Merging traffic.

Sentido duplo.
Two-way traffic ahead.

Perigo.
Danger.

COMMON ROAD SIGNS 201

Queda de pedras.
Danger from falling rocks.

Pare no cruzamento.
Stop at intersection.

Trânsito proibido.
Closed to all vehicles.

Direcção proibida.
No entry.

Trânsito proibido a peões.
Closed to pedestrians.

Proibição de voltar à esquerda.
No left turns.

COMMON ROAD SIGNS

Proibição de inversão.
No U turns.

Proibido ultrapassar.
Overtaking prohibited.

Velocidade máxima.
Speed limit or maximum speed.

Proibido businar.
Use of horn prohibited.

Estacionamento proibido.
No parking.

Paragem proibida.
Stopping prohibited.

COMMON ROAD SIGNS

Sentido único.
One-way traffic.

Curvas.
Curves.

Contorno obrigatório.
Rotary or traffic circle.

Margaca

Vinho de mesa

Tinto